JN411723

문학과지성 시인선 629

꿈을 꾸게 하는 꿈이 있다

이문재 시집

문학과지성사

문학과지성 시인선 629

꿈을 꾸게 하는 꿈이 있다

초판 1쇄 발행 2026년 1월 29일
초판 2쇄 발행 2026년 2월 24일

지은이 이문재
펴낸이 이광호
주간 이근혜
편집 조아혜
펴낸곳 ㈜문학과지성사
등록번호 제1993-000098호
주소 04034 서울 마포구 잔다리로7길 18(서교동 377-20)
전화 02)338-7224
팩스 02)323-4180(편집) / 02)338-7221(영업)
대표메일 moonji@moonji.com
저작권 문의 copyright@moonji.com
홈페이지 www.moonji.com

© 이문재, 2026. Printed in Seoul, Korea

ISBN 978-89-320-4507-8 03810

이 책의 판권은 지은이와 ㈜문학과지성사에 있습니다.
양측의 서면 동의 없는 무단 전재 및 복제를 금합니다.

문학과지성 시인선 629

꿈을 꾸게 하는 꿈이 있다

이문재

시인의 말

우리가 더 나은 내일을 상상하지 못할 만큼 망가지지는 않았다는 어느 경제학자의 말을 얼마 전에 들었다.

우리는 모두 시인으로 태어난다는 과학자의 말은 오래전에 들었고.

나는, 우리가 '시의 마음'을 되찾는다면 이대로 살지는 않을 것이라는 말을 하고 싶었다.

2026년 1월

이문재

꿈을 꾸게 하는 꿈이 있다

차례

2부 이제야 꽃을 드는데

3부 총구에 꽃을 꽂지 말라

4부 여행자를 위한 기도

발문

1부 소년이 소년을 벗어놓은 곳

눈동자

눈동자에게
필요한 것은 눈동자다

눈동자는
다른 눈동자가 필요하다

지금 가장 필요한 눈동자는
내 눈앞에 있는 다른 눈동자다

너도 봄날

거울 속의 거울

마주 보는 거울은 떼어놓기

눈동자는 다른 눈동자와 마주 보게 하기

눈동자 안에 다른 눈동자 빛나게 하기

반짝이는 눈동자에게

꿈을 꾸게 하는 꿈* 말해주기

시를 쓰게 하는 시 서로 읽어주기

* 전 지구를 무대로 활동한 일본의 생태주의 시인 나나오 사카키가 자주 하던 말로 알려져 있다.

소년

신도시
아파트 주차장 한구석
자전거 한 대 누워 있다
먼지를 뒤집어쓰고 있다
누가 소년을 놓고 갔나 보다
체인이 녹슬었다
왼쪽 페달이 없다
소년이 소년을 벗었나 보다
자전거가 버려진 이곳에서
어떤 길이 시작되었으리라
먼 곳이 시작되었으리라

새봄

잔가지 맨 끝
늦겨울 이른 봄

처음 눈뜬 새순이
뒤돌아보며 말한다

무서워요
앞에 아무것도 안 보여요

가지가 말한다
앞에서는 아무것도 안 보여

줄기가 말한다
네가 하늘을 보고 있는 거야

계속 올려줄 테니 앞만 보거라
뿌리가 말한다

하늘이 너를 보고 있는 거야
지금 네가 맨 앞인 거야

아침

스위치를 내려야 밤이 온다

불을 꺼야 어둠이 어두워지고

밖으로 떠돌던 것들 제자리를 찾는다

그렇지 아니한가

눈을 감아야 눈 뜨는 것이 있다

두 눈을 떠야 사라지는 것이 있다

그럴 것이다

밤이 밤다워야 아침이 온다

아침이 아침에 온다

밤이 부족하다 2

밤이 오지 않는다
문밖은 분명 어두운데
손목시계가 자정을 가리키는데
밤이 안으로 들어오지 않는다
처음에는 밤이 사라진 줄 알았다
저녁이 밤의 정면을 무시한 줄 알았다
한낮이 심야를 점령한 줄로 알았다
그게 아니었다
밤이 나를 버린 것이었다
그렇게 문을 두드렸는데도
그렇게 창문 밖에서 서성거렸는데도
어둠을 데리고 잠과 꿈의 손을 잡고
그토록 신호를 보냈는데도
아침저녁이 오전 오후가 다
밤의 또 다른 얼굴이라고 그토록
귀띔해주었는데도 알아듣지 못한 것이다
그래서 24시간 밤의 외부였던 것이다
뒤늦게 깨닫고 뒤돌아보거니와
눈뜨자마자 밤부터 찾아야 했던 것이다
아침부터 밤을 챙겨 나가야 했던 것이다

초승달

초승달 뜨면
멈춰 서서 오래 바라보기

초승달 비어 있는 곳
초승달 어두운 곳

눈으로 잇대어
동그라미 그려주기

갓 나온 초사흘 달
땅 위에서 보름달 만들어주기

고통이 말해주지 않는 고통

고통이 말해주지 않는 고통이 있다
나무가 다 보여주지 않는 나무가 있듯이
내게도 당신에게 말할 수 없는 당신이 있다
상처가 다 말하지 않는 상처가
그래서 상처를 아물게 하는 것인지 모른다
꽃이 다 보여주지 않는 꽃 어딘가에
꽃의 꽃다움이 있을지도 모른다
당신에게 다 보여주지 못하는 내가 있듯이
당신이 내게 다 말하지 못하는 당신이 있듯이
이별에게도 이별하지 못하는 이별이 분명 있겠다
만남에게도 만나지 못하는 만남이 분명 있겠다

김포

마음이
마음 둘 곳 없어 할 때면

마음 한 아름 끌어안고
공항을 찾는 마음이 있었다 한다

있는 힘 다해 하늘로 솟구치거나
있는 힘 다 내려놓으며 땅에 내리는

국내선 국제선 한 대 한 대
항로명을 새로 붙여주곤 했다 한다

매번 아무렇지도 않다는 듯
떠나보내고 맞이하는 활주로와

하늘과 땅을 바라보다 보면
제멋대로 나가버리거나 찾아오던

그 마음들 하나하나가
새 이름을 얻곤 했다고 한다

잘 가라, 내 실수

실수에도
반대말이 있는지 모르겠다
실수의 반대말
생각나지 않는다

저 혼자 충분하기 때문일 거다
게다가 대부분 지난 일
하지만 실수는 내게서 떠나지 않는다
어린 시절 별명처럼 따라다닌다

그러고 보니
늘 실수가 실수를 불렀다
실수가 실수를 좋아하는 거 같다

생일이 아니더라도
연말연시가 아니더라도
죽음처럼 나와 한평생 살아온
내 실수들 불러 모셔야겠다

계절이 바뀔 때만이라도
그때 그 대단한 실수들 초청해
하나하나 이름을 붙여드리자
매번 새로 매번 다시 그러다 보면
실수들이 제 할 일 다 했다는 듯
훌훌 떠나갈지도 모를 일이다

묘비명

그때는
내가 좋아하는 사람보다
나를 좋아하는 사람이 많기를 바랐다

돌아보니
나를 좋아하는 사람보다
내가 좋아하는 사람이 더 많아야 했다

다시 돌아보니
나를 좋아하는 사람과
내가 좋아하는 사람이 같은 사람이어야 했다

이렇게 죽기 전에
나는 다시 태어나야 했다 살아 있을 때
다시 태어나 제대로 죽어야 했다

실족사

그해 겨울
아버지 돌아가셨을 때

어린 막내가 한 일은
생쌀 한 공기하고

아버지 신던 기차표 털신 한 켤레
대문 밖에 내다 놓는 것이었다

그리고 우두커니 서서
11시 방향 하늘을 올려다보는 것이었다

엄마 전화기

엄마 전화기가
여전히 살아 있다
세상 떠난 지 1년이 넘었는데
어떻게 해야 할지 모르겠다
전원을 켜면 문자메시지가 와 있고
부재중 전화도 제법 있다 어쩌다
진동이 울리면 받을까 말까 망설여진다
전화기가 죽으면 엄마가 또 죽을까 싶어
충전을 계속하는데 언제까지 이래야 하나
죽은 엄마 전화기를 어찌하지 못하는 것은
살아 있는 나 때문임이 분명하다 며칠 전에도
너무 힘들어 엄마한테 문자를 보냈다
나도 거기로 가고 싶은데 엄마 나 가도 되나
답 문자 기다리는 대신 엄마 전화기 속으로
이니셜과 별명이 많은 엄마의 사생활 속으로
들어가곤 한다 수백 번 넘게 열어본 우리 엄마
그래서 그렇게 비상금이 필요했고 그래서
아빠와 매번 심하게 다퉜고 그래서 그래서
요양원에 있는 엄마의 엄마한테 달려갔고

그래서 그날 새벽 차를 몰고 동쪽 바다로 향했고
그래서 엄마가 그래서 엄마는 그래서 나도
그날 이후 눈을 들지 못하고 살아왔는데
엄마 전화기를 버리지 못하고 겨우 견뎌왔는데
이제는 안 되겠다 이렇게 한 살 더 먹기 전에
죽은 엄마 두번째 생일이 오기 전에
전화기를 엄마한테 돌려줘야겠다
매번 다짐하곤 하는데 다짐하긴 하는데

죽은 자의 전화번호

핸드폰 안에
죽은 사람의 전화번호
몇 개씩은 있으리라

선뜻 지우지 못하는
차마 지워버릴 수 없는
몇몇 세상에 없는 사람 전화번호

유독 나만 그런 건 아니리라
나는 아직 만나보지 못했다

문상 다녀오는 길에
고인의 전화번호를 지운다는 사람

전화하지 않고 사랑할래요

밤늦게 혼자 술잔 기울이다

통영 바닷가에 사는 시인에게

불쑥 전화를 걸었는데 받지 않는다

남쪽으로 난 유리창을 반쯤 열어놓았다

늦잠 자고 일어나 전화기 열어보니

한 줄 답 문자

전화하지 않고 사랑할래요—

직사광선

저 태양이 나를 바라보겠어?

아니지, 그럴 리가

그렇지, 그래서 내가 빤히 쳐다보는 거야

그래서 한밤중에도 달을 바라보며

반대편에 떠 있는 태양을 생각하는 거야

12시 방향

9시 방향은 왼쪽이다

서쪽이라고 말하면 문제가 될 수 있다

시계 방향을 사용하는 일은

동서남북 네 방위를 쓰는 것과 전혀 다른 일

그러니 3시 방향이 늘 동쪽인 것은 아니다

12시 방향은 언제 어디서나 나의 정면

12시 방향이 우리의 북극성 혹은 남십자성이다

그런데 명심해야 할 사항이 하나 있으니

하늘과 땅의 방향은 시계에 없다는 사실

남고비사막

사방 지평선에 갇혔다

간신히 빠져나왔다

하늘과 땅이 1:1로 만나고 있었다

뒤늦게 산맥이 나타나 하늘 맨 아래를 잘라냈다

제 몸 위에 산을 올려놓은 낙타들

고개 숙여 광활 초록 경(經)을 읽고 있었다

저물녘 동쪽 하늘 쌍무지개 팡파르

밤하늘 은도금 물 흠뻑 성난 별들의 대취타(大吹打)—

그해 늦여름 혼자들이 같이한 남고비 1박 2일

덧댈 문장을 찾지 못해 나는 다시 갇혔다

하늘 땅 어디에도 눈 둘 곳 없는

이곳 나는 다시 갇혔다

대초원

밤에는 머리 위의 별
낮에는 자기 그림자

잔뜩 흐린 바람 부는 날에는
편서풍을 등지고

멀리 게르가 보이면
게르의 문이 나 있는 쪽으로

사방 지평선에 솟아 있는 게
아무것도 없는

대초원에 대초원밖에 없는
대초원을 건너갈 때

대초원의 후예는
언제 어디서든 12시 방향을 찾았다

피부 바깥으로

바깥으로
바깥으로만 나돌았구나
한 생애가 하루라면
오전은 물론 오후 늦게까지도
바깥으로만 나돌았구나
여태까지 그렇게 알고 있었는데
그림자가 동쪽으로
길어지는 걸 물끄러미 바라보다가
문득 내 마음이 내 몸 밖으로
나가본 적이 있었는지
내 생각이 피부 밖으로 나가
다른 몸 안으로 들어가본 적이
과연 몇 번이나 있었는지 캐묻는다
일찍이 누군가 말했다
미성숙한 자아는 피부 안에 갇혀 있다고
밤이 그림자를 끌어안는 시간
몸 바깥 여기저기 불이 들어오는 시간
내 몸 안에 있을 스위치를 찾는다
몸 바깥으로 나가기 전에
먼저 내 안에 있을 전등부터 켜야겠다

밤이 켜졌다

보름달 떴다고
나가서 보름달 보라고

남쪽 친구가 전화를 했다
전화기 들고 밖으로 나갔더니

신도시 아파트 단지 사이 밤하늘
샛노란 밤의 눈동자

보름달 보이지?
그래, 보여!

그렇구나, 우리 눈빛이
지금 저 달에서 만나는 거로구나

푹푹 찌는 열대야 심야
밤이 켜졌다, 밤이 켜졌다

밤의 사막

사막의 밤

밤의 사막은 아주 크다

사막에 해만 떠 있었다면

아마 둘 다 진작에 죽었을 것이다

사막에 밤이 내리는 까닭은

모래한테 물기를 주기 위해서다

어디 은하수뿐이랴

잔별들 먼 별들 있는 힘 다해 도달한다

밤은 어둠은 별은 하늘은 달은 땅은

사막에서 사막의 전부와 만난다

2부 이제야 꽃을 드는데

밤이 부족하다

밤이 부족하다
우리에게는

이 도시에게도
밤이 부족하다
마음에게도 턱없이

저 키 큰 나무들
작은 모래알 한 알
새들 물고기들에게도
밤하늘 저 높은 별들에게도

크고 많아야 할 것이 많지 않다
작고 적어야 할 것이 많지 않다

꽃이 져도 너를 잊은 적 없다*

참 많이 변했습니다.

올봄에도 다들 보셨겠지만 꽃 피는 모양새가 예전 같지 않습니다. 우리 어릴 적에는 꽃들이 순서대로 피었습니다. 제 온기로 눈을 녹여 피어나는 복수초를 시작으로 산수유, 진달래, 개나리가 피어나면 목련과 벚꽃이 기지개를 켜고 이어 영산홍과 철쭉이 만개했습니다. 그리고 라일락, 그것도 여학교 울타리에 피어나던 라일락 꽃향기라니요. 파란 잉크 자국이 지워지지 않던 반팔 하복 상의가 생각납니다.

요즘 봄꽃들은 무슨 시위를 하듯이 한꺼번에 피어납니다.

화가 단단히 난 것 같습니다. 꽃을 대하는 우리의 마음가짐도 옛날 같지 않습니다. 전에는 가까이 다가가 유심히 살펴보기도 하고 향기를 맡아보기도 했습니다. 하지만 우리 몸에 스마트폰이 장착(탑재)된 이후 꽃이 멀어졌습니다. 꽃이 피사체가 되고 말았습니다. 꽃을 보면 사진부터 찍습니다. 문제는 찍고(저장하고) 그만이라는 겁니다. 누군가에게 전송하고는 그만입니다.

꽃이 지고 나면 사태는 더 심각해집니다.

꽃이 지면 우리는 꽃나무를 잊어버립니다. 신록으로, 녹음으로 돌아가 여름을 맞이하는 '열매의 시간'에 주목하지 않습니다. 꽃 진 자리에서 생각합니다. 낙화가 '아픈 성년식'이겠구나. 그렇습니다. 꽃이 져야 여름입니다. "꽃이 져도 나는 너를 잊은 적 없다"라는 시의 한 구절은 그래서 단순한 그리움이 아닙니다. 내일에 대한 각오이기도 합니다. '너'가 지금 열매를 맺기 시작할 것이기 때문입니다. 그러니 '너'를 떠올리는 '나'의 "꽃 지는 저녁"은 배가 고파야 합니다. 허기를 채워야 다음 날 거뜬히 일어날 수 있기 때문입니다.

4월 16일입니다.

꽃이 져도 누군가를 잊은 적 없는 사람이 있습니다. '전화 한 통 없어도' 꽃 진 자리에서 더 나은 내일을 그리며 늦은 저녁상을 차리는 사람들이 있습니다.

* 신문 연재 지면(『농민신문』 '시인의 詩 읽기')에 발표한 글을 옮겼다. 제목은 정호승 시 「꽃 지는 저녁」[『외로우니까 사람이다』(열림원, 1998)]의 한 구절을 차용했다.

바람개비 2
— 동시로 쓰고 나서 풀어 쓰다

세 가지 바람개비가 있습니다.

1. 바람이 불어야 돌아가는 바람개비가 있습니다.
2. 바람이 불어도 돌아가지 않는 바람개비가 있는가 하면
3. 바람이 불지 않아도 돌아가는 바람개비가 있습니다.

1번 바람개비에 대해서는 굳이 긴말이 필요 없고
2번 같은 바람개비가 있다면 그냥 지나쳐선 안 됩니다.
가까이 가서 살펴보고 왜 그런지 귀담아들어야 합니다.
만일 바람이 영 맘에 들지 않아서 돌지 않기로
마음먹은 것이라면 그 마음을 존중해야 할지도 모릅니다.

3번 바람개비는 흔치 않습니다만 간혹 볼 수 있습니다.
바람이 불지 않으면 바람개비를 치켜들고 앞으로 달려 나가는
아이가 있습니다. 바람개비는 아이가 달리는 만큼 돌아 갑니다.
바람이 없어서 제힘으로 바람을 일으키는 아이가 있습니다.

그러고 보니 깃발도 바람개비와 다르지 않습니다.

1. 바람이 불 때 높은 곳에서 흔들리는 깃발

2. 큰바람이 부는데도 흔들리지 않는 깃발

3. 그리고 바람이 불지 않아도, 바람이 없어도 흔들리는 깃발을 높이 치켜들고 달려 나가는 그런 누군가가 있습니다.

바람이 없어 마파람의 맨 앞이 되는 사람이 있습니다.

피부 밖으로

내가 나의 밖으로 나가야
당신을 만날 수 있을 텐데

당신도 바깥으로 나와야
누군가 손을 잡을 수 있을 텐데

지금 여기는
내가 나를 피부 안에 가두는 감옥

당신 또한 간수가 누구인지
알려고조차 하지 않는 당신의 감옥

당신도 그럴 테지만
어떤 날은 피부 안이 감옥인 줄 모르고

그래서 어떤 날은 내 안으로
들어가지 못해 쩔쩔매고 쩔쩔매고

이제야 꽃을 든다*

이름이 없어서
이름을 알 수 없어서 꽃을 들지 못했다
얼굴을 볼 수 없어서 향을 피우지 않았다

누가 당신의 이름을 가렸는지
무엇이 왜 당신의 얼굴을 숨겼는지
누가 애도의 이름으로 애도를 막았는지
누가 말해주지 않아도 우리는 알 수 있다

당신의 이름을 부를 수 있었다면
당신의 당신들을 만나 온통 미래였던
당신의 삶과 꿈을 나눌 수 있었다면
우리 애도의 시간은 깊고 넓고 높았으리라

이제야 꽃 놓을 자리를 찾았으니
우리의 분노는 쉽게 시들지 않아야 한다
이제야 향 하나 피워 올릴 시간을 마련했으니
우리의 각오는 쉽게 불타 없어지지 않아야 한다
초혼(招魂)이 천지사방으로 울려 퍼져야 한다

삶이 달라져야 죽음도 달라지거늘
우리가 더불어 함께 지금 여기와 다른 우리로
거듭나는 것, 이것이 진정 애도다
애도를 기도로, 분노를 창조적 실천으로
들어 올리는 것, 이것이 진정한 애도다

부디 잘 가시라
당신의 이름을 부르며 꽃을 든다
부디 잘 사시라
당신의 당신들을 위해 꽃을 든다
부디 잘 살아내야 한다
더 나은 세상을 만들어 물려줘야 할
우리 모두를 위해 꽃을 든다

* 2022년 11월 14일, 시민언론 '민들레'가 이태원 참사 희생자 명단을 처음으로 공개할 때 함께 실은 시다.

무엇이 더 부족한가

단백질보다 어둠이 더 부족하다
사랑한다는 말보다 햇빛이 더 부족하고

인구보다 이웃이 훨씬 더 적으며
지구보다 나라와 사회가 더 작다

집 안에 어린아이보다 강아지가 더 많고
살아 있는 흙보다 도로나 택지가 더 많다
마을보다 도시가 더 빠르게 늘어난다

가족은 있지만 가정은 없으며
국가는 강하지만 민주주의는 약해지고

국가보다 기업이 더 커지고
무역과 유통이 극지방까지 확대됐다

시장에서 행복해하는 사람이 크게 줄었다

사색보다 검색이 더 늘어나고

결속보다 접속이 훨씬 더 늘어난다

비대면이 비대면과 대면한다
책보다 스크린이 훨씬 더 많고
정보와 기호와 신호가 지식을 압도한다

교육보다 학습이 너무 줄어들었고
가르치기 위해 배우는 사람 또한 보기 힘들다

전쟁은 줄었지만 전투는 늘어났고
종교는 거대해졌지만 영성은 자취를 감췄다

평균수명은 늘어나지만 삶의 질은 떨어지고
노후는 없고 노인만 있으며
독거노인 대다수는 외롭고 아프고 가난하다

에어컨보다 신선한 바람이 더 부족하다

자기 자신을 생각하는 시간보다

다른 사람들이 나를 어떻게 생각할까 고민하는
시간이 훨씬 길어졌다

눈을 마주치는 시간보다
눈을 마주치지 않는 시간이 더 많고

가만히 손을 내밀 때보다
손사래를 칠 때가 더 많다

부족한 것은 더 부족해지고
넘치지 않아도 되는 것은 갈수록 넘친다

얼마나 더 있어야 하는가
얼마나 더 모자라야 하는가

이별 고개

택배가 왔는데
이름이 이*재라고 적혀 있다

이*재?
이걸 어떻게 읽어야 하나
아이들은 스타라고 하던데
나는 별이라고 읽는다
이, 별, 재

재는 고개의 다른 말
이별재 이별 고개
이별하러 올랐다가
이별하고 내려오는 고개
그때 그 이별도 고갯마루에서
이별 저쪽과 이별 이쪽으로 나뉘었으니

이별을 잘해야
이별한테 잘하는 거라고
그 사람은 물론 내게도 잘하는 거라고

그러니 부디 이별과 잘 헤어지라고

택배가 지어준 내 새 이름
이별과 이별하는 고개
이별 고개 이별재

혼자의 혼자
— 농담 2

혼자 밥을 먹거나
술 마시면서

전화 한 통 안 하거나
문자 하나 확인하지 않는 사람

그런 사람
무서운 사람이다

혼자 길 떠나 있거나
아파 누워 있을 때
누군가를 떠올리지 않는다면

그런 사람
정말 고단하거나 외로운
아니면 진짜 아픈 사람이다

어쩌면
자기가 그런 사람인 줄

알지 못하는 사람일지도 모른다

그렇다
혼자일 때 혼자가 더 많아야 한다

혼자 혼잣말

낡은 것은 가고
새것은 오지 않고 있다고 합니다
호스피스와 산파가 동시에 필요한 시기
잘 배웅하고 또 잘 마중해야 한다는 것이지요
학교에서는 성찰하고 표현하라고 합니다
자기 이야기를 쓰는 저자가 되어야 한다는 겁니다
활동가들이 시장통을 지나 광장에서 모이자고 합니다
혼자는 혼자의 안팎을 살펴봅니다
아무리 들여다보아도 희미합니다 잘 안 보입니다
누가 무엇이 왜 혼자를 이렇게 만들었는지
이제는 화조차 나지 않습니다 절망하기에도
무력해지거나 우울해지기에도 힘이 듭니다
감정을 조절하는 감정이 고장 나고 말았습니다
혼자 근처에는 혼자와 다를 바 없는 혼자들뿐
어쩌면 낡은 것은 가지 않았는지도 모릅니다
떠나간 척하면서 안팎에 숨어 있을지도 모릅니다
그리고 새것은 이미 지나갔는지도 모릅니다
오래된 미래는 오래된 책 속에만 있는 것 같습니다
혼자들이 낡은 것과 새것 부분과 전체 사이에서

과거와 미래 사이 이른바 도래했다는 인류세의 문턱에서
배웅하지도 못하고 마중을 나가지도 못하고 있습니다
혼자 안에도 혼자들이 혼자 밖에도 혼자들이
제자리에서 서성거리는 이상한 환절기입니다
우리 혼자는 끝이 시작되었다고 혼잣말을 합니다
끝이 시작되었다고 조만간 끝나고야 말 것 같은
마지막 끝이 시작되었다고

안단테, 안단테
— 우리는 모두 작곡가로 태어났다

안단테
노래하거나 연주할 때
마음으로 들어야 하는 작곡가의 속삭임

그런데 포르투갈에서는 안단테가
교통 카드 이름이라고 한다

리스본에 갈 수도 없고
굳이 갈 필요도 없고 그래서
여기 서울 한복판에서 안단테, 안단테

느리게 느리게 조금 더 느리게
마음을 향해 말을 걸다 보면
버스가 조금 늦게 온다 해도
그 사람 조금 늦는다 해도 그래 안단테

눈 감고 묵주를 돌린다 생각하면
나도 모르게 발걸음 느려지고
천천히 천천히 박자를 맞추며 두 박자

세 박자 리듬이 리듬을 낳고
리듬이 멜로디를 불러온다

우리의 새 교통 카드 안단테

피부 안에 갇혀 있던 마음들이
피부 밖으로 걸어 나와 손을 내민다

보이는 것들은 물론
보이지 않는 것들과도 손을 부여잡는다

리듬이 생겨나고
멜로디가 리듬을 데리고 번져나간다
하모니가 다른 하모니들을 끌어안는다

멜로디는 이야기
이야기는 우리 사는 세상
하모니는 우리 모두 원하는 미래

돌아보라
우리는 모두 작곡가로 태어나지 않았는가
말을 배우기 전에 노래부터 하지 않았던가

되찾아와야 한다
우리가 빼앗긴 자유 우리가 놓아버린 임무

우리의 신성한 자유는
내가 먼저 몸 바깥으로 나가는 일

우리의 고결한 임무는
먼저 나가서 다른 몸 다른 생명
모든 존재와 상황과 활동과 함께하는 일

안단테
우리 모두를 위한 교통 카드
지구를 위한 교통 카드 안단테

나를 바꾸는 오래된 기도

우리를 거듭나게 하는 오래된 하모니
모두를 위한 모두의 오래된 새 노래

안단테, 안단테

느리게 느리게 더 느리게
천천히 천천히 조금 더 천천히

보통 사람을 위한 팡파르*

아직 못 배웠다
화내지 않고 화내는 법
번 것보다 적게 쓰는 법도
여태껏 몸에 익히지 못했다
아버지가 물려주신 선산 땅을
결국 지키지 못했고 몇몇 벗에게
진 빚도 몇 년째 갚지 못하고 있다
친한 치과 의사도 없고
한밤중에 연락할 수 있는 변호사도 없다
나는 집값을 누가 어떻게 정하는지
주식시장의 보이지 않는 손이 무엇인지
정치와 정치인 국민과 국가 사이가
왜 그토록 멀기만 한 것인지
인간과 인류 인류와 자연 사이가
왜 이토록 아득해졌는지 잘 모르겠다
하지만 곰곰 되짚어보면
선물처럼 받은 은혜가 없지 않다
일일이 따져보지 않아도
내가 준 것보다 내가 받은 것이 훨씬 많다

하늘과 햇빛과 바람과 땅은 물론이고
저녁노을이며 풀벌레 소리 푸른 숲 달빛
토끼 같은 가족과 양 떼 같은 친구들
그렇다고 원수를 사랑하자는 마음이
생겨나는 것은 아니다 어쩌면 원수는
원수답게 대하는 것이 옳을지도 모르겠다
이번 생에 못다 배우고 갈지 모르겠다
화내지 않고 화내는 법
내가 번 것보다 적게 쓰는 법
서로 마음 상하지 않게 도움을 주고받는 법

* 「보통 사람을 위한 팡파르」는 미국의 작곡가 에런 코플런드가 1942년 작곡한 금관과 타악 협주곡이다. 제2차 세계대전에 참전한 연합군 병사들과 전쟁으로 아픔을 겪고 있는 보통 사람들을 위로하기 위해 만들었다고 한다.

가출

집밥이란 말이 생기면서
밥이 집 밖으로 나갔다

바깥으로 나간 밥은
곳곳에서 저마다 혼밥이 되었다

삼시 세끼 혼밥이 흔해지자
두세 집 건너 집이 집 밖으로 나갔다

마음은 피부 밖으로 나가지 않고
1인 가구라는 이상한 말이 생겨났다

선물

'시인은 달력이 필요하다'
유럽 여행을 다녀오신 스승께서
인상파 달력을 건네며 위와 같이 쓰셨다
필요 없던 것이 갑자기 필요해졌다
그날 이후 나도 누군가에게 선물할 때
포장지나 봉투에 한 줄씩 써 넣곤 했다
은희는 만년필이 필요하다
원택이는 10만 원이 필요하다
택배 기사님은 아이스커피가 필요하다
강요 아닌 강요를 하곤 한다
필요 없는 것을 필요한 것으로 만드는 일
마음을 담아 선물할 때만 가능한 일
내가 필요로 하지 않아
오래 연락하지 않은 석이 현이 순이 훈이
잠 안 오는 이 밤 무엇이 필요할지

세상에 참평화 있어라*

내 안에 있는 하나
오래되어 간절한 하나를
누군가와 나누면
둘이 아니라 셋이 됩니다

꿈을 나누면 알게 됩니다
꿈을 나누면 꿈 하나가 둘이 됩니다
내가 오래 품어온 꿈과
당신이 새로 받아 든 꿈

당신이 나에게 희망을 건네면
당신의 희망과 내가 받아 안은 새 희망
그리고 우리 사이에 생겨난 새 희망
희망 하나가 이렇게 셋이 됩니다

하나에서 둘로 셋으로
셋이 다시 다르면서도 같은 하나로
다시 그 하나가 새로운 둘로 셋으로
서로 연결하고 연결되는 그물코처럼

서로 나누면서 넓어지고
넓어지면서 저마다 높고 깊어지는
우리의 오래된 미래
모두를 위한 모두의 평화 참평화

고난 없이도 아니 고난이 있어도
세상에 참평화 있어라
세상에 참평화 있어라
참평화에 참세상 있어라

* 안토니오 비발디의 성악곡 「고난 없이 세상에 참평화 없어라」에서 가져왔다.

우리 집에 왜 왔니
—놀이 생각 1

우리 집에 왜 왔니 왜 왔니
꽃 찾으러 왔단다 왔단다

샛별 돋아나는 초여름 초저녁
농협 창고 앞 너른 마당 한마당

동네 아이들 다 모여
남자는 남자 여자는 여자끼리

여자아이들 나란히 손잡고 깨금발로
우리 집에 왜 왔니 왜 왔니 왜 왔니

남자아이들 나란히 앞으로 나서며
꽃 찾으러 왔단다 왔단다 왔단다

무슨 꽃을 찾으러 왔느냐 왔느냐
정님이 꽃을 찾으러 왔단다 왔단다

돌아보니 오래된 공개 미팅

오래된 인기투표 짝짓기 연습

하지만 저 두 줄에 끼지 못한
아이들이 분명 있었고

두 줄에 끼었다 하더라도
이름 불리지 않은 아이들도 있었으니

줄 밖에서 따라 부르면서도
우리 집에 들지 못한 아이들도 있었으니

우리 집에 왜 왔니 왜 왔니
왜, 왜 왔니

죽은 자의 날

— 우리는 자유로우며 언제나 그러하리라

매년 11월이 돌아오면
페루 사람들은 죽은 자의 넋을 기린다

고인이 생전에 즐기던 음식을 장만하고
온 가족이 죽은 자들과 이틀간 함께 살아 있다

산 자들은 아파트형 묘지를 찾아
꽃을 바치고 담배를 피워 악귀를 물리치고
브라스밴드에 맞춰 노래하고 춤춘다

매년 11월 초하루
페루에서는 산 자와 죽은 자가 만난다
한날한시에 죽은 자들이 산 자들을 방문한다

죽은 자의 사진이 없으면
죽은 자가 살아생전 살던 집을 찾지 못한대서
산 자가 죽은 자의 얼굴 사진을 고이 모신다

먼저 떠난 자와 나중에 따라갈 자가

같은 날 흥겨운 잔치를 벌이는 나라
산 자들이 죽은 자들과 함께 살아가는
페루 사람들의 국가 제목은 이러하다

우리는 자유로우며 언제나 그러하리라

지상의 하느님

하느님께서 손이 모자라
엄마를 만들었다는 이야기가 있다
곳곳에서 하느님을 대신하라고

하느님을 흉내 낸 독재자는
엄마 대신 거울을 나눠 줬다고 한다
자기 얼굴을 보며 스스로 검열하라고

수많은 엄마와 도처의 거울이
여전히 분주한 가운데

인류의 황제 디지털이
스마트한 기기를 몸에 부착시켰다
영혼은 외주화하고 눈으로만 살라고

그리하여
살기 위해 벌지 않고
벌기 위해 살게 되었다
너나없이 죽기 살기로 벌게 되었다

지상에 하느님이 너무 많아
우리는 하늘이 어디에 있는지 모른다
천지간에 땅이 어디 있는지

우리가 왜 이런 괴물이 되었는지
모르게 되었다는 사실조차
모르게 되었다

하늘나라

그곳에선 어떤 말을 쓸까
작곡가가 되려다 세상 떠난 조카

모차르트나 베토벤부터 찾아갈 텐데
초면에 서로 말이 통할까 싶은데

그곳에선 한 가지 말만 써서
대화하는 데 큰 문제가 없을 거야

아니지, 말이 두 가지일 거야
천국에서 쓰는 말과 지옥에서 쓰는 말

천국과 지옥 둘로 나뉘어 있으니
서로 말이 안 통할 거야

그래서 하늘나라에서도
깨어 있는 정신들이 서로 만나야 한다고

지옥을 구원해야 한다고

천국을 끌어내려야 한다고

촛불이나 태극기 같은 걸 들고
광장으로 몰려 나갈지도 모르겠으니

활발한 생활

정색하고 다시 보면
이런 말이 다 있었나 싶게
낯설어지는 낱말이 있다

땅 별 해 눈 손 몸 밥 같은
한 음절 명사가 종종 새삼스러웠는데
엊그제 국민연금 갱신하러 가는 길에
불현듯 생활이란 말이 눈에 밟혔다

생활이라니
날 생(生) 자 살 활(活) 자
태어나 여기까지 오기는 했는데
내가 진정 살아왔다고
살아 있다고 자신 있게 말할 수 있는가
나는 과연 생활하고 있는 것인가

활(活) 자를 뜯어보면
물 수(水) 변에 혀 설(舌) 자
혀가 물 흐르듯 해야 한다는 뜻일 터

산다는 것은 혀가 살아 있다는 것
하고 싶은 말 하고 살아야
하고 싶은 말 제대로 해야

최고의 생활은 활발한 생활일 텐데
활발(活潑)이라니 이 또한 낯설어지는 말
활발의 발(潑)은 물 뿌릴 발 솟아날 발
말이 물처럼 솟아올라야 할 뿐 아니라
그 물을 사방으로 널리 퍼뜨릴 수 있어야

이제 알겠다
우리 삶이 이토록 강팍해지고
세상이 이토록 무지막지해지는 까닭
우리 혀가 살아 있지 못해서
우리의 말이 서로 물처럼 흐르지 않아서
우리가 생활하지 못해서 활발하지 못해서

한마디로 요약할 수도 있겠다
우리의 혀가 자율과 자치를 말하지 않아서

연립주택

일찍 퇴근한 401호 새댁
현관 비밀번호를 누르려다 말고
주차장 뒤 손바닥만 한 텃밭으로 향한다
서류봉투 내려놓고 쪼그려 앉아
꽃상추를 딴다
무어라 말을 거는 것 같다
우편함에 꽂혀 있는 고지서는 못 본 척
또박또박 계단을 오른다

3부 총구에 꽃을 꽂지 말라

바람개비

바람이 없어도
돌아가는 바람개비가 있다

바람이 없으면
달려 나가는 바람개비

바람이 없어서
앞으로 달려 나가는 바람개비

오직 자기 힘으로
없는 바람을 만들어내는
없는 바람에게 바람을 보여주는

천지간 바람이 없어서
바람을 일으키는 바람개비가 있다

울지 않으면 죽어야 한다

서로 사랑하지 않으면
우리는 죽어야 한다
제2차 세계대전이 터졌을 때
영국 시인 오든이 쓴 시의 한 구절

서로 사랑하지 않으면
우리는 죽어야 한다
하지만 우리는 서로 사랑하지 않았고
그럼에도 우리는 죽지 않았다

죽기는커녕 서로 죽이고 죽였다
죽음까지 쫓아가 죽이곤 했다
그러다 죽은 죽음이 더 많다
그것도 사랑과 평화의 이름으로

다음 전쟁의 생존자는
죽은 자를 부러워할 것이다
1960년대 핵무기 경쟁이 한창일 때
모스크바의 최고 지도자가

서방세계를 향해 던진 경고다

사랑하기 전에 해야 할 일이 있다
사랑하기 전에 우리가 울 수 있어야 한다
당신이 울기 전에 그들이 울기 전에
뭇 생명이 울기 전에 우리가 먼저 울어야 한다
울지 않으면 우리는 죽어야 한다·

우리가 울지 않으면
그들이 부러워하지 않을 것이다
우리가 함께 울지 않으면
죽은 자들이 우리를 불쌍히 여길 것이다
죽은 자들이 우리를 기억하지 않을 것이다

근황

여기에 너무 일찍 왔거나
아니면 너무 늦게 온 것은 아닌가
어쩌다, 마스크를 벗는 게 이상해지고
두어 마리 꿀벌과 흰나비가 반가울 때
아장아장 오전 속으로 걸어 들어가는
유치원 아이들의 중년을 떠올리기 힘들 때
그럴 때마다 나는 이 세상에 너무
일찍 온 것은 아닌가 하는 생각이 든다
아프리카코끼리 상아가 너무 비싸져
당구공을 대체할 신물질을 공모할 때
칠레 앞바다 섬에 가득한 새똥을 유럽에서
대량으로 긁어내 가기 시작할 때
새똥이 바닥나 질소비료를 발명하려 할 때
이제 신은 죽었다며 박수 치고 환호할 때
시간은 금이고 금이 최고라는 표어가 나돌 때
많이 만들수록 많이 쓰고 빨리 쓰고 버릴수록
좋은 것이라는 주술이 마음속에 자리 잡을 때
그때 지구에 있었어야 하는 게 아닌가
하는 생각이 들기도 한다

물려받은 것보다 조금이라도 좋게 해서
물려주는 것이 진정 예술이고 정치일 텐데
어제 내가 버린 마스크가 어디로 가는지
내가 들이마신 공기 속에 무엇이 들어 있는지
땅 아니 지구 표면이 어떻게 죽어가는지
심해의 맨 밑바닥에 무엇이 있는지
90억 가까운 사람들 거의 다 아는데
낮에도 저 하늘에 무수하게 떠 있는 별과
지렁이 한 마리 모래 한 알 물 한 방울이
우리와 연결되어 있음을 다 알면서도
우리가 너무 늦게 왔거나 아니면
너무 일찍 온 것은 아닌가 생각하다가도
그럼에도 불구하고
지하철 노약자석 옆에 서서 옛날 책을 읽을 때
학교 이름이 새겨진 점퍼를 입은 대학생을 볼 때
우리가 너무 일찍 왔거나
너무 늦게 왔다는 생각이 든다
뭔가 잘못되어도 크게 잘못된 것인데
오늘도 새벽 첫차가 시동을 걸고

전국의 모든 학교는 차임벨을 울리고
봄을 지나온 푸나무들이 저마다 광합성을 하고
구름은 쉬지 않고 움직인다
누가 말했던가 머지않은 미래에
살아남은 자들이 죽은 자들을 부러워할 것이라고
남극 펭귄들이 비를 맞고 죽어간다고 한다
툰드라가 녹아 수만 년 전 바이러스가 나온다고 한다
태평양에 한반도보다 넓은 쓰레기 섬이 있다고 한다
우리가 내뿜은 탄소가 지구를 온실로 만들었다고
우리가 온실 안에서 불을 피우고 있는 것이라고 한다
우리가 백 년 전쯤에 이 세상에 왔다면
우리가 지금 알고 있는 걸 백 년 전에 알고 있었다면
아니면 우리가 백 년 뒤에 온다면
그때 21세기 초입을 향해 우리는 무슨 말을 할까
백여 년 전 서양의 한 선각이 이렇게 말한 적이 있다
미래는 교육과 재난 중 누가 승리하느냐에 달려 있다고
가정교육 공교육 사교육 마을교육 평생교육 등등
교육은 도처에 많아졌지만 진정으로
가르치는 사람과 배우는 사람은 많아지지 않았다

백 년이 지났는데 누가 감히
교육이 재난을 이겼다고 선언할 수 있을까
물려받은 것보다 조금이라도 더 좋게 해서
물려주는 것이 진정 교육일 터인데
교육에게 진정 싸움 상대가 있는지조차 모르겠다

전환설계

— 유치원에서 배우지 않는 것을 배우는 유치원

숨 쉬는 법부터 가르치는 유치원.

들이마시기보다 내쉬기가 더 중요합니다.
속으로 숫자를 세면서 숨쉬기를 합니다.
하나 둘 셋 넷 다섯을 세며 내쉬고, 하나 둘 셋 멈췄다가,
하나 둘 셋 넷 들이마시고 하나 둘 셋 멈췄다가,
다시 하나 둘 셋 넷 다섯 내쉬고 이렇게
심호흡을 익히면 몸과 마음이 두루 평화로워집니다.

숨쉬기 다음은 먹기.
바르게 먹는 법을 가르치는 유치원입니다.

여러 번 씹어야 합니다. 밥 한 숟가락 입에 넣고
최소 스무 번은 씹어야 합니다. 그러면
모든 음식에서 단맛이 나고 소화 흡수도 잘됩니다.
오래 씹어 먹는 동안 아이들이 생각하도록 귀띔해줍니다.
이 음식이 어디서 왔는지, 누가 어디서 어떻게 키우고
길렀는지 상상할 수 있다면 식탁이 지구만큼 커집니다.
그러면 아이들이 저마다 지구인으로 자라날 겁니다.

대화하는 법을 가르치는 유치원.

대화는 무엇보다도 듣기입니다.

상대방이 하는 말을 귀담아들어야 대화가 이어집니다.

가톨릭에서는 이렇게 한다지요.

상대방이 이야기를 하면 그걸 들은 사람이

자기가 들은 바를 정리해서 상대방에게 말해준다고 합니다.

당신이 한 얘기의 핵심이 이게 맞느냐고 확인하는 것이지요.

맞지 않으면 상대방이 다시 자기 얘기를 들려줍니다.

이런 식으로 대화가 오가면 서로 오해할 소지가 크게 줄어들 수밖에 없겠습니다.

숨 쉬고, 먹고, 듣는 능력을 갖추게 하는 기초 프로그램.

사실 유치원에서만 필요한 것이 아닙니다. 초등학교에서 대학까지 아니, 가정과 기업, 교회와 병원, 군대와 교도소 또한

위 세 가지 능력을 고루 갖춰야 합니다. 이런, 놓칠 뻔했네요,

노인정과 요양 병원 같은 데가 더 시급하겠습니다.

아직 문을 열지 않은 유치원 앞에서
지구에서 오는 모든 것에 민감하며
내 앞에 있는 사람을 존중하는 사람들
어쩌면 미래가 내 뒤에 있고 과거가 앞에 있을 수도
있다고 생각하는 사람들의 느슨한 공동체를 생각합니다.

다시 땅끝

그날 처음
땅끝에 왔을 때는
혼자서 바다만 바라보았다

그다음 둘이서 왔을 때는
섬과 섬 사이를 바라보았다
사방으로 달려 나가다 문득 멈춰
바다 밑으로 빠져드는 섬들을 보았다

오늘 여럿이 와서 보았다
모든 섬이 바다 밑으로 이어져 있으며
땅은 땅대로, 바다는 바다대로
한 치의 빈틈 없이 이어져 있었다
땅과 바다 또한 서로 이어져 있었다

땅끝이자 땅의 시작
바다의 시작이자 바다의 끝 여기
지구의 피부 위 작디작은 한 지점
두 팔 벌려 하늘을 우러르다 보았다

죄와 벌

평생 나무 한 그루 심지 않은 사람
갓난아기를 보고 웃지 않는 사람
이런 사람이 죄인이다
누군가를 꽃으로 때리거나
휘파람을 불며 전쟁 뉴스를 보는 사람
좋은 시를 읽고 나서도 친구에게 알려주지 않거나
그 사람 세상 떠났다는 소식 듣자마자
그 사람 전화번호를 지우는 사람
이런 사람이 죄인이다
아스팔트 위에서 땅을 생각하지 않거나
화장실 물을 내릴 때 바다를 떠올리지 못하고
닭과 치킨이 전혀 다르다는 걸 모르는 사람
이 또한 보통 죄인이 아니다
밥상에 오르는 모든 먹을거리는 물론이고
옷에서 안경, 전화기, 지갑 그리고 자동차까지
모든 생필품이 땅에서 온다는 엄연한 사실을
알지 못하는 사람 역시 죄인이다
이런 죄인들이 모여 대역죄를 저지른다
물려받은 것을 그대로 물려주진 못할지언정

물려받은 것보다 더 나쁘게 해서 물려주는
이런 사회, 이런 시대, 이러한 문명
보름달을 보면서도 기도를 하지 않는 사람
아침에 일어나 벌 나비가 날아다니는지
살펴보지 않는 사람들……
죄지으면서도 죄인 줄 모르는
우리가 모여 이렇게 물려줄 게 없는 세상
아니 물려줘선 안 되는 세상을 만들고 말았다

하늘이 내게 물었다

하늘이 내게 물었다
하루에 몇 번이나 하늘을 올려다보느냐
아침에 일어나서 한 번, 노을 질 때 한 번
별과 달을 보려 할 때도 올려다보고
하루에 서너 차례는 올려다보는 것 같습니다
비나 눈이 올 때도 올려다보는 편입니다

이번에는 땅이 내게 물었다
하루에 땅을 얼마나 밟는지 아느냐
네? 글쎄요, 그러니까, 그게, 그거야 뭐……
그때 하늘에서 들려오는 소리
네가 나를 바라볼 때는 물론이고
나를 생각조차 하지 않을 때도
너는 땅을 밟고 있지 않느냐

그랬다 고층 빌딩 꼭대기에 있을 때도
땅을 밟고 있었다 빌딩이란 땅을 층층이
들어 올린 것 아닌가 지하철은 말할 나위도 없고
그러고 보니 배를 타고 강이나 바다를 건널 때도

비행기를 타고 태평양 상공을 날 때도
우리는 길을 신고, 땅을 딛고 있었다

하늘이 말했다
이제 알겠느냐, 네가 한시도 떨어질 수 없는
땅은 내가 보낸 또 다른 하늘이거늘
하늘과 땅이 하루에도 수천 번씩
네 몸속을 드나든다는 사실을 명심하거라
알겠느냐, 하늘과 땅이 종이 한 장 틈도 없이
달라붙어 있다는 사실 또한 잊지 말거라

내 새 이름

이름을 바꾸고 싶은
그런 날이 있다
아버지가 지어주신 이름
그동안 애 많이 썼다고 쓰다듬어주고
내가 내 이름 새로 짓고 싶은
그런 날이 있다

인디언식으로 가령
이논밭 이산들 이몸 이마음
이신새벽 이푸르른날 이새나라
이평등 이정의로움 이땅 이밥 이나눔
이조화와균형 이순환경제 이지속가능한……

성까지 바꾸고 싶은
아니 성이 없어도 좋을 이름도 있다
나힘들어 너도그렇군 제발제발
좋은저녁 잠잘오는밤 내일이기다려져
와락 날개활짝 나는안때려 고맙고미안해
백년뒤아이들 혼혈이더아름다워

그러나그럼에도불구하고……

이름을 새로 짓고
그 이름 서로 불러주고 자주 들어서
이름대로 사는 날이 오리라고
그런 날이 꼭 오리라고
이논밭 이푸나무 이곤충 그신세계
공감과창의 따로또같이 잊지말자오래된미래
누군가에게선물이되는삶 모두를위한것은모두가
산업문명너머오래된새미래……

우리 이름을 새로 지어보자
사물의 이름도 다 바꿔보자
현상과 의미에도 새 이름표들 달아주자
앞과 뒤 위아래도 뒤집어보자
지난날을 다가올 날 앞에다 갖다 놓아보자
그래보자 그 많은 미래를 지금 초청해보자

모두를 위한 것은 모두가

혼자가 혼자 있으면
우리는 우리가 아니다

혼자가 저 혼자 있으면
혼자 또한 혼자가 아니다

우리 안에 혼자가 있고
혼자 안에 또 우리가 있느니

우리 안에 우리 아닌 것들
더 크고 많고 오래되고 오래갈 것들

우리 안과 밖에 천지자연
천지자연 안에 우리 우리들
모든 것은 서로 연결되어 있느니

모두를 위한 것은 모두가
혼자를 위한 것은 혼자가!

가늠할 수 없이
크고 작으며 빠르고 느린 천지간
모든 존재 모든 생명 모든 활동
화이부동(和而不同) 존이구동(尊異求同)

몬스 사케르
— 김종철 선생 2주기 추모식에 부쳐

선생님 추모식 마치고 돌아가는 길
로마 시대 평민들이 올라가 참정권을 달라고
외쳤던 산, 거룩한 산, 몬스 사케르
선생님 돌아가신 지 2년
앞이 보이지 않는 이 인류세 초입에서
빚에 쪼들리고 부역에 시달리던
2천5백 년 저쪽 로마의 고단한 민초들을 생각한다
원로원과 부르주아들이 협박과 회유를 했지만
산정의 민중은 요구가 관철될 때까지
거룩한 산에서 내려오지 않았다
결국 지도자들이 두 손 들고 말았다
몬스 사케르, 평민 총파업, 평민들이 승리했다
선생님 기일, 긴 장마 지나가는 하늘 올려다보다가
그렇지, 하늘에선 이날이 기일이 아니고 생일이지
하늘나라에서 선생님 새로 나신 지 오늘로 2년째
그래야지, 기일이 아니고 생일이어야
애도가 추모로, 추모가 재탄생으로 이어진다
우리가 다시 태어나야 우리가 몬스 사케르
우리 안에서 몬스 사케르를 살려내야

우리 모두가 저마다 따로 또 같이 거룩한 산
몬스 사케르, 거룩한 산, 평민 총파업
산 자들이 죽은 자를 부러워하지 않는 세상
노인이 어린아이를 부러워하는 오래된 미래
우리 저마다 몬스 사케르가 되어야 가능하리라
우리가 깊은 민주주의를 살아내야 가능하리라
몬스 사케르, 거룩한 산, 시민 총파업
몬스 사케르, 인류세, 인류 총파업

천상의 메아리

— 귀꺼풀이 없는 까닭

눈에는 눈꺼풀
입에는 입술이 있는데
귀에는 귀꺼풀이 없다
코에도 여닫는 것이 없다

잠잘 때도 귀는 사방으로 열어놓고
마음이 몸 밖으로 나가 떠돌아다닐 때도
숨쉬기는 멈추지 않아야 한다는 하늘의 마음

눈 자주 감고 입 또한 수시로 다물라는
눈을 감아야 제대로 볼 수 있으며
입을 다물어야 말이 말다울 수 있다는
눈 감고 입 다물어야 귀담아들을 수 있다는
태초부터 있어온 하늘의 말씀

마음이 아니라 몸이 주인이라는
너무나 분명한 하늘의 메시지
너희 마음이 몸에 세를 든 것이라는
너희들 몸이 지구에 빌붙어 사는 것이라는

지당하고 지엄한 오래된 하늘의 경고

그럼에도 세입자인 줄도 모르고
집주인이 누구인지조차 알려 하지 않느니
하루 24시간 귀 열어놓고도 듣지 못하고
태어나 죽을 때까지 숨을 쉬면서도
무엇이 들고 나는지 알지 못하는 데다
입을 열고 무엇을 몸속으로 집어넣는지
무슨 말을 내뱉는지 알지 못하느니
우리는, 우리가

어싱

어싱, 저도 최근에야 들었는데요,

맨발로 땅을 밟고 걷는 것을 어싱이라고 한답니다.

조금 낯설지요. 어감도 그렇구요. 예, 그렇습니다.

영어입니다. earthing. 사전에는 접지라고 나오네요, 接地.

우리말로 땅 밟기라고 옮기면 의미가 조금 달라지겠지요.

악귀 잡신을 물리치는 지신밟기가 떠오를 수도 있겠는데

어싱은 정초 지신밟기와 거리가 멉니다. 말 그대로 접지입니다.

맨발로 땅을 밟는 단순한 행위인데 얼마 전부터

새로운 건강법으로 떠올라 유행처럼 번지고 있다고 합니다.

병을 고치기 위해 자발적으로 평생 신어온 신발을 벗는 것입니다.

혹은 건강을 지키기 위해 그토록 외면하던 맨땅을 찾는 것이지요.

접지가 그리 낯선 단어는 아닙니다. 피뢰침이나 전기용품

자동차도 지표, 즉 지구 표면과 연결되지 않으면 안 됩니다.

돌아보면 우리의 문명화, 즉 산업화, 도시화는 단순했

습니다.
맨땅과 결별하는 과정이었습니다. 튼튼하고 편한 신발을 신고
지구의 살갗을 시멘트나 아스팔트로 덮어온 것입니다.
어싱 예찬자들은 강조합니다. 지구는 전자기로 이뤄져 있으며
우리 몸 또한 전자기로 이뤄져 있거니와 그런데 두 전자기가
교류하지 못하게 되면서 몸에 탈이 나기 시작했다,
그러니 맨발로 지구의 전자기와 다시 만나야 한다고……
네, 동의합니다. 그런데 맨발 걷기가 붐이란 소식을 접하면서
이런 생각이 들었습니다. 우리가 편리, 건강, 성장, 풍요를 위해
잃어버린 것이 어디 맨발뿐인가 되묻게 된 것이지요.
맨 자가 들어간 생생한 우리말이 다 사라지고 말았습니다.
맨발을 필두로 맨손, 맨주먹, 맨밥, 맨몸, 맨정신, 맨땅……
그렇습니다. 우리가 저 맨들을 잊거나 빼앗겨버린 사이에

몸뿐 아니라 집, 도시, 사회, 국가, 문명이 다 이상해졌습니다.

몸뿐 아니라 마음이 마음자리를 찾지 못하게 되었습니다.

진정 건강을 되찾으려면, 맨발만으로는 어림도 없습니다.

우리 모두가, 모든 생명체가 지구와 다시 연결되어야 합니다.

지구의 뼈와 살이 간직해온 소중하고 거룩하고 위대한 힘

지구가 품고 있는 신비하고 장엄한 힘과 연결되어야 합니다.

어싱, 맨발로 맨땅을 밟는 일은 그러니까 탕자가

어머니 품으로 돌아가는 것과 다르지 않아야 합니다.

어머니 지구란 말은 듣기 좋으라는 구호나 메타포가 아닙니다.

사실입니다. 자명한 사실이어서 때로 비현실로 보이는 것입니다.

나의 안팎, 이 문명 겉과 속에 넘쳐나는 신발을 다시 볼 때입니다.

맨눈, 맨정신, 맨몸으로 곧추서서 직시할 때입니다.

다시 지구 생각

아이가 지구를 그리며 말했다
아빠, 그러면 말이야
적도에 사는 사람들은 다 옆으로
남미 사람들은 다 거꾸로 서 있는 거네
아이가 그린 둥그런 지구는
가시가 촘촘히 박힌 밤송이 같았다
내가 한반도에 서 있으면
희망봉에서는 거꾸로 서 있는 것이다
그렇구나 지구의 중심에서 보면
모든 것은 매달려 있는 것이다
우리 몸에서 머리가 지구에서
가장 멀리 떨어져 있는 것이다
하늘로 쏘아 올린 화살이
힘에 부쳐 지상으로 떨어지는 게 아니다
하늘 저쪽으로 달려 나가려는 화살을
지구가 다시 불러오는 것이다
중력— 그렇다 중력이 어머니다
나 어렸을 적 당신 생전에는
전혀 생각하지 않았던 젊은 어머니
그런 어머니였구나, 지구는

천지간 천지인

신도시 구도심, 햇빛마을 아파트 구석진 18단지
새벽에 튀어나와 한밤중에 기어들어 가 집에서 햇빛 못 본 지
20여 년, 그렇다고 햇빛마을에 마을이 있는 것도 아니고

뿐이랴, 지구에 온 지 어느덧 예순 하고도 몇몇 해
맨발로 땅을 밟아본 게 언제였던가, 아스팔트와 시멘트
그리고 구두 밑창이 지구의 맨살을 만나지 못하게 해왔거니와
지구 위에 사는 사람들이 정작 맨땅을 밟지 못하는 것이다

사람의 살[肉]이 지구 살갗과 만나지 못하는 이상한 세상
별 없는 늦은 밤, 햇빛마을로 돌아가는 길에 생각하니
햇빛 없는 햇빛마을 아파트, 마을 없는 햇빛마을 아파트
내가 언제 주민인 적이 있었던가, 시민인 적이 있었던가
때로 유권자인 적은 있었구나, 몇 번 촛불 든 적은 있었구나

하수구가 역류하고 지하도가 범람해 두 발 젖은 적은 있어도
맨발로 지구의 살갗, 아니 지구의 정수리를 밟아본 적 없으니
나는 매 순간 지구 위에서 지구와 단절되어 있었던 것이다
숨 가쁜 도시인이었지 온전한 지구인은 아니었던 것이다

천지간, 하늘과 땅 사이, 아니 지표와 하늘의 맨 아래에서
새삼스레 심호흡을 해보는 것인데, 그랬구나, 두 발만
지구의 살갗을 만나지 못한 것이 아니었구나, 하루에도
수천 번 내 몸으로 들고 나는 천지자연을, 이 엄연한 우주를
느끼려조차 하지 않고 있었구나

햇빛 못 보는 햇빛마을, 마을 없는 마을에서 살아왔으니
천지간, 하늘과 땅 사이에서 천지가 없는 것처럼 살아왔으니
아, 나는 지구인은커녕, 도시인으로도 살지 못한 것이었구나

최소량의 원칙

—『문학사상』 지령 600호에 부쳐

질소 인 칼륨
비료의 세 가지 요소 다들 잘 아시지요
19세기 중반 유스투스 폰 리비히라는
독일 화학자가 이 사실을 발견했습니다
그의 발견 덕분에 인공 비료가 만들어지고
곡물 생산이 비약적으로 늘어났지만
땅과 물은 죽어갔습니다 조화와 균형을 중시한
리비히가 자신의 연구 탓에 생태계가 교란되는
작금의 사태를 상상이나 했을까 싶습니다
리비히가 남긴 또 하나의 대단한 발견이 있는데요
다름 아닌 최소량의 원칙이라는 겁니다
다른 영양소들이 아무리 풍부해도 어느 한 영양소가
부족하면 식물이 제대로 자라지 못한다는 것입니다
모든 영양소가 최소량을 채워야 한다는 것인데요
리비히의 최소량의 원칙은 인간에게도 그대로
적용되어야 한다고 저는 생각합니다 우리 삶이나
문명을 가능하게 하는 여러 요소가 있겠지만
만일 어느 한 요소가 부족하면 삶이든 사회든 시대든
큰 탈이 날 수밖에 없습니다 저는 문학이야말로

우리가 반드시 그 최소량을 채워야 할
필수영양소라고 보는데요 그런데 문학 안에도
최소량의 원칙이 있겠지요 제가 보기에 우리가
늘 확인해야 할 문학의 여러 핵심 요소 중 하나는
상대방의 처지가 되어보는 능력, 다시 말해
내가 자발적으로 나의 피부 밖으로 나가보는 능력입니다
이때 상대방은 사람만은 아니겠지요 동식물을 비롯해
땅과 하늘 별과 달은 물론 도구와 기계에 이르기까지
이 모두가 우리의 상대방입니다 아 내 안에 있는
또 다른 여러 나도 당연히 상대방에 포함해야겠지요
넘치는 것도 문제이지만 모자라는 것도 큰 문제입니다
잘 보이지 않는 하나, 그래서 우리가 놓치는 그 하나
그것이 무엇인지 매번 살펴보고 챙겨야겠습니다
저는 지금 우리에게 부족한 그 하나, 그 최소량이
문학이고 그중에서도 문학적 감수성이라고 생각합니다
자발적으로 타자가 되었다가 타자의 새로운 타자가 되는
두 번의 감정이입 혹은 의인화 말입니다.

식물의 말
—늦게 온 것이 먼저 되리라

사과가 우리를 위해 익어가는 것은 아니다
벚꽃잎이 벚꽃 놀이를 위해 흩날리는 것도 아니다

편백나무가 벽지를 대신하려고 꼿꼿한 것도 아니고
이끼가 대기의 질을 알려주려 푸르른 것도 아니다

그렇다고 풀과 나무와 숲이 새와 벌레가
우리 인간에게 아무 말도 하지 않는 것은 아니다

밀을 심고 도시를 세우고 석유를 파낸 이래
전등을 밝히고 국가를 만들고 세계화를 일궈낸 이래

마침내 인터넷에 이어 인공지능까지 초연결 세상
풀과 나무와 새와 벌레와 물고기가 말한다

초연결에서 한 걸음 물러나 재연결하라고
나와 너와 인간과 인류와 뭇 생명과 생명 아닌 것과

뿐이랴, 도구와 기술과 시간과 공간과 생각과 느낌과도

다시 연결되라고 부디 새로 연결하라고

하늘이 말하고 땅이 재차 말한다
그러지 않으면 가장 늦게 온 것이 가장 먼저 되리라고

이것은 칫솔이 아니다

고마워하려면
온 우주가 필요합니다

오늘 아침 새 칫솔이 고마워
잠깐 생각해봅니다

누가 어디서 어떻게 만들었는지
그 누구는 누구인지부터

칫솔 재료는 어디에서
칫솔을 만드는 기계와 도구 들은

칫솔이 내 손에 쥐어지기까지
칫솔이 이동한 거리와 그 경로는

이렇게 끝말잇기를 하다 보면
칫솔이 태양계 너머 우주로 연결됩니다

그래서 칫솔은 칫솔이 아닙니다

칫솔은 지구의 후예 온 우주의 산물입니다

그렇다면 칫솔과 인간
인간과 비인간 존재 모두 형제자매입니다

진실로 고마워하려면
고마워하면서 미안해해야 합니다

총구에 꽃을 꽂지 말라

— 함께하는 평화 직접 행동

총구에 꽃을 꽂지 말자

총을 든 병사의 눈동자를 마주 보자

장군에게 그의 어머니 이름을 물어보자

장군들의 장군에게 수시로 제안하자

총으로 호미와 삽을 만들면 어떻겠느냐

젊은 군인들에게 흙으로 돌아가라고 한다면

군대가 있는 자리에 노약자 휴양소를 세우면

어떻겠느냐고 국민, 아니 사람으로서 물어보자

군대를 넘어 국가, 기업, 종교, 학교, 이웃에게도 요청하자

총구에 꽃을 꽂지 말자 지금부터

총 없는 어머니와 어린이 세상을 꿈꾸고 노래하자

장난감으로도 총과 칼을 만들지 않는 세상

꽃으로도, 빵으로도 때리지 않는* 세상

신의 이름으로도, 경전으로도 내치지 않는

지금 자기 앞에 있는 사람을 가장 소중하게 여기는

발 딛고 있는 땅을 가장 거룩하게 여기는 세상

살갗과 머리카락에서 매번 하늘을 느끼는 세상

* '꽃으로도 때리지 말라'는 영어권 속담이자 책 제목이기도 하다.

하늘이 들어오신다

내가 숨 쉴 때
들고 나는 것이 있다는
사실을 알아차리게 하소서

숨을 들이마실 때마다
하늘이 들어오신다는 사실
아득히 먼 처음부터
아득히 먼 맨 나중까지 매번

숨을 내쉴 때는
내 안에 들어오신 하늘이
내 안에 있던 것과 함께
다시 하늘로 올라가신다는 사실을
하루 한 번만이라도 느끼게 하소서

목숨 있는 모든 것은 물론이고
목숨 없는 것들도 모두 다
하늘과 이어져 있다는
그래서 모든 것이 서로 이어져 있다는

자명한 사실
이 오래된 진리를
하루 한 번만이라도 되새기게 하소서
그리고 이 뒤늦은 각오가
잊히지 않도록 빼앗기지 않도록 해주소서

밤의 각오
—지구의 불을 끄기 위한 소극적 캠페인

잠 오지 않는 밤
밤을 도둑맞은 것 같아
두 눈 감고 다짐한다
일하기 위해 잠들지 않겠다

밤새 뒤척이다 맞이한 늦은 아침
더 무거워진 몸에게 말한다
일을 더 하기 위해 쉬러 가지 않겠다

왼손으로 꾹꾹 눌러쓴다
달게 잠들기 위해 일을 줄이자
휴식다운 휴식 놀이다운 놀이를 위해
쉬는 법 노는 법 제대로 배우자

남들이 아니라 나를 위해 일하자
벌기 위해 살지 말고 살기 위해 벌자
기도처럼 주문처럼 외우자

문 앞뒤에다 비문처럼 새겨놓자

나를 위해 하는 일 나를 위해 사는 삶이
누군가에게 선물이 되어야 한다

그렇다
우리가 잠을 푹 자야
세상 모든 밤이 어두워질 것이다
우리가 우리 자신을 위해 일해야
세상 모든 아침이 맑고 향기로울 것이다

미안하다

꽃에게 미안하다
벌 나비 날아들지 못하게 해서
돌에게 미안하다
움직이지 않아야 하는데 움직이게 해서
마하트마 간디에게 미안하다
비폭력을 폭력으로 사용해서
인형에게 미안하다
사람이 아닌데 매번 사람처럼 대해서
강아지에게도 미안하다
스스로 밥을 구하지 못하게 만들어서
그레타 툰베리에게는 말도 못 붙이겠고
어머니에게는 어머니를 구해드리지 못해서
땅에게는 더욱더 미안하다
그 순결하고 건강하고 웅숭깊은
생명의 품을 우리가 이렇게 더럽혀놓아서
미안하고 미안하고 또 미안하다
뿐이랴, 아이들하고 눈을 맞추지 못해서
할머니 할아버지 손을 부여잡지 못해서
사람보다 기계를 더 좋아해서

생각하는 것보다 인터넷을 더 좋아해서
함께 태어난 죽음을 곁에 두지 않아서
가르침을 가르침으로만 알아서 미안하다
나뭇잎만 보고 줄기보다 더 크고 깊은
땅속뿌리는 보려 하지 않아서
구름을 보고 물방울을 떠올리지 못해서
커피를 마시며 커피 농장을 생각하지 못해서
국가만 보고 국가 폭력은 보려 하지 않아서
기업은 보지 않고 주식시장에만 눈독을 들여서
끼니마다 음식을 몸 안으로 들이면서
음식이 오는 그 멀고 많은 길을 유념하지 않아서
죽음 이후는 물론 탄생 이전을 외면해서
이렇게 미안하다고 두 손 가슴 앞에 모으다 보면
하늘을 우러르며 고맙다는 말이 나오기도 한다

4부 여행자를 위한 기도

눈동자 2

눈동자가 위기에 처했다
눈동자가 눈동자를 찾지 않는다

눈동자를 바라본 적이
언제였는지 생각나지 않는다

다른 눈동자가 내 눈동자를
오래도록 바라본 적이 언제였는지

눈짓으로 말한 적이 언제
서로 눈빛을 마주친 적이 언제였는지

눈동자가 위험하다
눈동자가 눈동자를 잃어버렸다

첫눈

첫눈 오는 날
연못이 말했다
첫눈아, 너는 참 좋겠다
다들 첫눈, 첫눈 하며 반겨주잖아

물방울이 말했다
그런데 이상하지
비는 새해 첫날에 내려도
아무도 첫비라고 하지 않아

첫눈이 말했다
그래 나도 이상하다고 생각해
두번째 눈 마지막 눈이란 말도 없어
언제나 첫눈, 첫눈이야

구름이 말했다
비야, 눈아 너희 둘 다
여기 하늘 위에선 얼음이었단다
그러고는 손으로 한쪽을 가리켰다

마을과 도시 너머
강이 한쪽으로 흐르고 있었다

아침의 기도

아침에
눈뜰 때마다 되뇝니다

오늘이 있어
어제가 어제가 되었구나

어제가 있어 오늘이
이렇게 오늘이구나

하늘과 땅 사이
어제 잠든 잠에서
깨어날 때마다 두 손
가슴 앞에 가지런히 하고

어제 아침 올린 기도가
내일도 달라지지 않기를

아니, 달라지지 않은 것 맨 끝에
조금은 달라진 것이 있기를

조금 달라진 것이 있어
달라지지 않아야 할 것은
달라지지 않게 하고

달라져야 할 것은
부디 달라지게 하기를

만추

가을날
가을이 깊은 날
누가 있어 목련
목련 열매를 보려 하실까요

아무렴 그럴 리가요
어딘가에 속 깊은 분 계셔서
첫눈 오신단 기별 있는 날이면
산수유 피어나던 그 자리도
매번 다시 찾으실 테지요

후숙 과일

감 바나나 파인애플, 우리에게 익숙한 과일

이들에게는 공통점이 있는데 무엇인지 아시는지요

그렇습니다, 후숙(後熟) 과일, 뒤늦게 저 혼자 익어간다는

그런데 과연 그럴까요, 저는 아니라고 생각합니다

후숙이 아니라 내숙(內熟), 아니 자숙(自熟) 과일

어미에게서 떨어져 나와서도 뒤돌아보지 않고

제 살을 문드러지게 하며 오직 씨앗, 즉 앞날에 집중하는

언제일지 모르지만 어디일지도 모르지만

감 파인애플 바나나, 선숙(先熟) 과일일지도 모릅니다

낮달맞이꽃

울지 마

너의 이름을 지어준 사람이 있어

네 이름을 불러준 사람도 있고

그러니 울지 마

네가 네 이름을 한번 불러봐

더 크게 불러봐

그렇지? 그러면, 그래, 울어, 울어도 돼

새벽 기도

— 김초혜 시인께

먼동 틀 때
어제 하루가 선물이었다고
두 손 가지런히

땅거미 질 때는
오늘도 누군가에겐 선물이리라고
먼 동쪽으로 눈길

사람의 마을에 불 들어오고
밤하늘에 별 돋고
달 뜨고

나는 다시
정면을 향해 두 손 가지런히

메아리

대초원의 아이들
지평선의 자녀
북극성의 후예가
독수리와 푸른 늑대와
쌍봉낙타와 천리마의 친구들이
평생 듣도 보도 못한 말 중 하나가
메아리
아마 메아리 아닐까 싶다

딸이 딸을 낳았다

딸이 딸을 낳았다

딸이 딸을 낳자

아직 젊은 엄마 아빠

할머니 할아버지가 되었다

딸이 엄마가 되자

갓 난 할머니 할아버지

옹알이를 시작한다

걸음마 다시 배운다

당신의 그림자 안에서

당신의 그림자 안에서
빛나게 하소서*

이렇게 문 두드리오니
부디 들어가게 해주소서

당신의 그림자 안에서
한 시절 살게 해주소서

잘 살아서
그림자 너머도 보게 하소서

당신의 그림자 안에서
나를 다시 살아

내가 빛나게 하소서
당신과 더불어 빛이 되어

내 그림자 안에도

누군가 들어와 빛나게 하소서

* 라이너 쿤체의 시 「은엉겅퀴」에 "남들의 그림자 속에서/빛나기"란 구절이 있다.

동백섬

섬에는 동백
동백 곁에도 동백
다른 동백 다른 동백들

동백꽃 안에는
동박새 부리 꽂힌 자국
붉은 꽃 노란 암술
부르르 떨린 순간

섬에는 동철이
등짝이 벌판 같은 동철이
동철이 가슴안에는
재 넘어 동순이
눈이 큰 새가슴 동순이

바다에는 사방 봄기운
섬 안으로는 꽃기운
동백꽃 동백 숲 동백섬은
시방 날 선 신새벽

재 넘어 동철이는 맨주먹
재 너머 동순이는 맨발

목백일홍

목백일홍 꽃 피자
곡기를 끊겠다 하셨다 한다

입술 축이던 물마저 마다하시다
목백일홍처럼 뼈만 남기셨다 한다

향년 97세

깨끗하게 가신 것이다
다 쓰고 가신 것이다

스스로 문 닫고 가신 것이다
당신 힘으로 문 열고 가신 것이다

묵호

그 해변이
노트를 찢어 삼켰다

그날 밤이
그 연락처를 씹어 삼켰다

그 바다가
그 이름을 집어삼켰다

그날이
그날 이전을 다 삼켜버렸다

꽃

꽃은 닮지 않는다
자기를 피워 올린 푸나무와
닮은 구석이 전혀 없다
줄기 가지 뿌리 잎사귀
그 어느 것하고도 같지 않다

꽃의 배반인가
아무렴, 그럴 리 만무하다
수백만 년 다듬어온 생존 전략일 터
꽃이 푸나무와 똑같이 생겼다면
어떤 벌 나비 눈에 들겠는가

피어나는 꽃이 묻는다
그대는 누가 피워 올린 꽃인가
지는 꽃이 재차 캐묻는다
그대는 무엇을 닮지 않은 꽃인가
그대는 어떤 벌 나비를 불러들였는가

백모란

백모란 피고 질 때면
음식은 끝 맛이라시던 외할머니

첫맛이 제아무리 입에 맞아도
끝 맛이 쓰면 그건 음식이 아니란다

아침마다 손거울 세워놓고
머리 빗던 할머니 동그란 뒷모습

모란꽃잎 어지러운 마당가에서
꽃게 먹은 자리 같구나 하시던

그해 늦봄 마지막 가시는 길
할머니는 꽃봉오리처럼 단정하셨는데

어디 꽃하고 음식만 그러하랴
우리 만남은, 우리가 벌여놓은 사업은

병원이라니

구한말에 태어난 아버지
병원에는 절대 안 간다고
고집을 피우셨다

병원이라니 말이 되느냐
병자들 득실거리는
왼갖 병들이 사는 집엘 왜 가느냐

아버지, 그럼
의원, 대학 의료원에 가시지요

그래도 안 간다
어디가 아프냐고
이거저거 다 물어보고
고치는 게 무슨 의사냐

부부

동네 놀이터 벤치
노부부가 앉아
해바라기를 하고 있다

할아버지가
할머니에게 말을 건넨다

사람 참 안 변해
그 친구 중병 들어도 안 변했잖아
나는 이렇게 변했는데 말이여

할머니가
먼 하늘을 바라보며 말한다

당신이 변했다구요?
당신은 변한 게 아니고
늙은 거예요
늙은 거

민간인*

1951년 1월
황해도 옹진에서 연평 백령
백령에서 다시 흑산 거쳐
목포까지 뱃길 아흐레 또 아흐레
삼대(三代)는 미 군함에 타고 있었다

목포에서 영암 해남 거쳐
강진 성전까지 걷기를 몇 날 며칠
할아버지 아버지 어머니 큰형
그리고 세 살 난 둘째 형
북풍한설 남도 초행길

말로만 듣던 아랫녘에 닿은
아는 사람이라곤 아무도 없는
농사꾼 삼대가 봇짐을 푼 성전 월출산 기슭
첫 끼니 첫날 밤 첫 주인장 첫 눈물
첫 모내기 첫 누명 첫 가을걷이 첫 이별……

저 수많은 맨 처음이 대체 어떠했는지

1959년 가을 김포에서 태어난 막내조차
내내 알려 하지 않았다

＊ 김종삼의 시 「민간인」에서 많이 빌려왔다.

칠만 삼천삼백예순다섯

우리 어머니
청풍 김씨 용 자 녀 자
1916년 황해도 옹진 출생
열여섯이던 1932년에 시집와
1999년 세상 떠날 때까지
67년간 하루도 빠짐없이
하루 세끼 밥 짓고 상 차렸으니
1년이면 365×3=1,095번
그걸 67년이나 쉬지 않았으니
1,095×67=73,365
아내 며느리 엄마 된 이후
칠만 삼천삼백예순다섯 차례
아궁이 부뚜막 우물 빨래터
어디 부엌과 밥상뿐이었으랴
논밭은 물론 마당 외양간 뒤뜰
여든셋 평생 우리 어머니
김용녀 자신의 시간은 없었으니
칠만 삼천삼백예순다섯
식구 위해 남을 위해 차린 밥상

칠만 삼천삼백예순다섯
주문처럼 기도문처럼 중얼중얼
청풍(淸風) 김씨 용 용(龍) 자 계집 녀(女) 자
팔십 평생 푸른 바람이나 용은커녕
온전한 여인도 되어보지 못하고
식민지 해방 전쟁 피란 분단 실향
근대화 민주화 세계화까지 다 들어 있는
저 칠만 삼천삼백예순다섯
칠만 삼천삼백예순다섯

경전철

가오리역 문이 열리고
아빠와 세 살가량 딸아이

몇 살이냐고
이름이 뭐냐고 물어보려다

엄마는 어딨냐고
이 아침에 아빠랑 어딜 가느냐고

가방도 없이
모자도 안 쓰고

물어보려다가
그만 마주친 눈동자

포장 이사

평생 강원도 산골서 사시다가
홀로되어 신도시 큰딸네
다른 신도시로 간 둘째네 구석방
또 다른 신도시로 이사 간 막내네
짐 꾸리기에 지친 팔순 고모할머니
늙어 죽은 막내 조카 보내는 날
장례식장 한구석에서 물끄러미
지켜보시다가 툭 내려놓은 한마디
꼭 포장 이사 하는 거 같구나

손톱하고 눈싸움

손톱 열 손톱
엄지에서 새끼까지
손의 맨 처음이자 맨 끝

몸과 마음의 단말 단초
저마다 다들 표정이 있다
어디 손톱 깎을 때만 그러하랴

어쩌다 눈 마주치면
24시간 두 눈 뜨고 지켜봐왔다는 듯
그간 왜 찾지 않았느냐 캐묻는 듯
무에 그리 바쁜 거냐 따져 묻는 듯

네가 손의 주인이냐고 삿대질하듯
나를 빤히 쳐다본다
천 개의 내가 나를 쳐다본다
내가 천 개의 나를 쳐다보기도 한다

뿐이랴, 고마운 얼굴

길에서 마주칠까 봐 두려운 얼굴
잊고 싶은 미운 얼굴이 보일 때도 있고
간혹 낯선 사람이 보일 때도 있다

손톱하고 눈 마주칠 때마다
매번 눈싸움이다

커피를 꿀꺽

돌아오고 나서
가는귀먹고 사람 만나기 어려워져서
막내 삼촌은 거의 두문불출
월남에서 돌아온 새카만 김 상사
노래만 들어서 카세트가 다 늘어났다
우어얼나아암에서 도오라오오오온 새애
인스턴트커피를 한동안 식혔다가
꿀꺽꿀꺽 마시던 목울대가 크던 청룡부대
발이 뜨겁다며 겨울에도 양말을 안 신던
술 마시기 전에 몰래 남서쪽으로 고수레하던
엘리베이터를 유독 좋아하던
가는귀먹어 어눌하던 말도 놓아버린
평생 총각이라던 우리 막내 삼촌
돌아가시기 전에 내가 들은 딱 한 마디
엘리베이터가 참 좋다
내가 누르면 문이 열리잖아
열한 살로 접어들던 나는 그때
평등이란 말을 처음 생각했더랬다
월남에서 돌아온 말 없던 막내 삼촌

별명이 잠자코였던 훤칠했던 그 사나이가
맘 놓고 마주할 수 있는 건 기계밖에 없었다
그해 한여름 그 늙은 청년이 커피 대신
꿀꺽꿀꺽 꿀꺽한 건 파라치온이었다

하늘 끝까지

하늘은
한 사람을 위한 기도는
들어주지 않을 것이다

하늘 아래
한 사람은 없기 때문이다

하지만
한 사람이 올리는 기도는
들어주실 것이다

한 사람 한 사람이
끝까지 하는 기도는
끝까지 다 들어주실 것이다

면동

— 모슬포

너 그러다 죽어
오랫동안 들어온 얘기

너 그러다 죽어
그런 소리 매번 한쪽 귀로 흘리다가

마음 밖으로 나가 일, 일, 일만 하다가
몸 바깥으로 나가 돌아오지 못하다가

이렇게 남쪽에서 해 지는 시간
바다가 시작되는 섬 끝에 서서

이윽고 내가 나한테 하는 소리
너 이러다 죽어

피안 감각

등대는 배를 바라보지 않는다
밤바다에 가지 않아도 알 수 있다
교차로 신호등도 자동차를 보지 않는다
저쪽 언덕에 가보지 않아도 알 수 있다
시간 또한 생명을 위해 흘러가는 것이 아니고
땅이 집과 길을 유지하려고 버티는 것도 아니고
미래가 인간을 기다려주는 것 역시 아닐 터
하지만 밤배는 등댓불을 바라봐야 하고
우리는 미래가 문밖에 와 있다고 믿어야 한다
우리가 이쪽 언덕이란 사실을 잊지 않아야 한다

여행자의 기도

혼자 떠나지만
혼자 돌아오지 않게 해주소서

혼자 떠났다가
또 다른 나와 함께 돌아오는

낯선 것에서 낯익은 것을 찾고
낯익었던 것이 문득 낯설어지는

여럿이 떠났을 때는
여럿 안에서 없던 나와 다시 만나는

하여 다른 인생을 만나는 여행이
최고의 여행임을 알게 하여주소서

인생 최고의 여행은
내 안에도 있고 내 바깥에도 있는

다른 인생을 만나는 여행임을
부디 깨닫게 하여주소서

하늘

변두리 4층 건물
작은 교회 엘리베이터

머리 위가 환해 올려다보니
천장 전체가 파란 하늘에
흰 구름 사진

하늘이 보이지 않아도
위쪽으로 올라갈 때는
하늘을 올려다보라는

지상으로 내려갈 때도
한두 번 하늘을 우러러보라는

화살기도

이름을 불러주기만 해도
기도하는 것이라고 하셔서

좋아하는 사람 고마운 사람
미안한 사람 잘못을 빌고 싶은 사람……

이름이 생각나지 않는 사람은
표정이나 목소리 뒷모습 떠올리고

동트는 쪽 바라보며 이름에다
소원 한마디씩 붙여주는 화살기도

그런데 갈수록 이름이 늘어난다
그 사람 안녕을 위해 안녕해야 하는 것들

그 사람 가족과 이웃 반려동물
뿐이랴, 밥 옷 집 전화기 자동차 비행기

그뿐이랴, 그 사람 마시는 물과 공기

그 사람 딛는 땅 머리 위 하늘……

작아지고 커지고 커지고 작아지는
내가 아니고 우주가 함께 하는 기도

생각을 생각하는 시, 꿈을 꾸게 하는 꿈

나희덕
(시인)

인형 속의 인형 속의 인형처럼

마트료시카 인형 속에는 그와 닮은꼴의 인형들이 겹겹이 들어 있다. 인형들을 꺼내 나란히 놓고 보면 크기와 표정이 조금씩 다르다. 이문재의 시를 읽는 것은 마치 이 러시아 인형을 하나씩 꺼내는 일과도 같다. 인형 속의 인형 속의 인형처럼, 이문재의 시에 반복되는 단어나 문장은 서로를 품거나 낳으며 사유의 어떤 지점을 향해 나아간다. 너머의 너머, 다음의 다음, 미래의 미래를 향해. "하나에서 둘로 셋으로/셋이 다시 다르면서도 같은 하나로/다시 그 하나가 새로운 둘로 셋으로/서로 연결하고 연결되는 그물코처럼//서로 나누면서 넓어지고/넓어지면서 저마다 높고 깊어지는/우리의 오래된 미래"(「세상에 참평화 있어라」)를 향해.

우선, "꿈을 꾸게 하는 꿈이 있다"라는 시집 제목부터가 재귀적 표현이다. 수록된 시들의 제목을 일별해보아도 "고통이 말해주지 않는 고통" "혼자의 혼자" "혼자 혼잣말" "안단테, 안단테" "모두를 위한 것은 모두가" "천지간 천지인" "딸이 딸을 낳았다" 등 동어반복과 재귀적 허용이 잦은 편이다. 시집 곳곳에서 볼 수 있는 이러한 반복과 변주는 그야말로 '이문재식 문장법'이라고 부를 만하다. 1부만 해도 재귀적 문장이 수두룩하다.

"눈동자에게/필요한 것은 눈동자다"(「눈동자」)

"소년이 소년을 벗었나 보다"(「소년」)

"불을 꺼야 어둠이 어두워지고 [……] 밤이 밤다워야 아침이 온다//아침이 아침에 온다"(「아침」)

"꽃이 다 보여주지 않는 꽃 어딘가에/꽃의 꽃다움이 있을지도 모른다 [……] 이별에게도 이별하지 못하는 이별이 분명 있겠다/만남에게도 만나지 못하는 만남이 분명 있겠다"(「고통이 말해주지 않는 고통」)

"마음이/마음 둘 곳 없어 할 때면"(「김포」)

"실수가 실수를 불렀다/실수가 실수를 좋아하는 거 같다"(「잘 가라, 내 실수」)

"대초원에 대초원밖에 없는/대초원을 건너갈 때"(「대초원」)

"사막에서 사막의 전부와 만난다"(「밤의 사막」)

하나의 함수가 자신을 다시 호출해 문제를 풀어가는 방식을 재귀 함수라 부른다. 재귀 함수에서는 호출을 반복할 때마다 대개 입력값이 조금씩 변하는데, 재귀적 문장도 마찬가지다. 하나의 문장이나 한 편의 시 속에서 같은 단어를 다시 호출할 때마다 그 의미나 층위가 조금씩 달라진다. 반복이 차이를 만들어내는 것이다. 질 들뢰즈에 의하면 "차이가 부단한 탈중심화와 발산(發散)의 운동이라면, 반복에서 일어나는 전치(轉置)와 위장은 그 두 운동과 밀접한 상응 관계에 놓여 있다".[1]

앞서 인용한 재귀적 문장들은 차이와 반복이 공존하는 사유의 운동과 메타적 인식을 잘 보여준다. 접두사 '메타 meta'는 공간적으로는 '뒤에'를 가리키고, 시간적으로는 '이후에'를 가리킨다. 여기에 더해 '~와 함께'라는 관계적 의미와 '~를 넘어'라는 대안적 의미를 담고 있기도 하다. 메타 인식은 자신이 지금 보고 있거나 생각하고 있는 것이 어떠한지를 되묻는 능력이다. 보는 것을 보고 생각을 생각하는 것이다. 생각을 생각한다는 것은 단순히 사유의 내용이나 사유가 어떻게 작동하는지를 되돌아보는 자기 성찰에 그치지 않는다. 사유를 주체의 재현적 행위가 아니라 새로운 창조와 생성의 사건으로 사유하는 것이다.

1 질 들뢰즈, 『차이와 반복』, 김상환 옮김, 민음사, 2004, p. 17.

그렇기에 사유의 기원을 주체 내부가 아닌 바깥에서 찾아야 한다.

> 사유는 그 어떤 것에 의해서도 강요되지 않는 한에서는 사유하지 않는 것이 아닐까? 하이데거의 말을 인용하자면, "우리에게 가장 많은 사유를 불러일으키는 것은 우리가 아직 사유하고 있지 않다는 사실이다." 사유는 최고의 규정이고, 마치 자신에 적합한 미규정자와 대면하고 있는 것인 양 어리석음과 대면하고 있다. (오류가 아니라) 어리석음은 사유의 가장 큰 무능력을 구성하지만, 또한 사유에게 사유하도록 강요하는 것 안에서 사유의 가장 높은 능력의 원천을 구성하기도 한다.[2]

위 글에서 인용한 하이데거의 말처럼, 이문재의 시에 나타난 재귀적 문장이나 메타 인식은 "우리에게 가장 많은 사유를 불러일으키는 것은 우리가 아직 사유하고 있지 않다는 사실"을 자각하는 데서 비롯된다. 그렇기에 그의 시에서 단어나 문장의 재귀적 반복은 의미를 중첩하거나 강화하는 방식보다는 선행된 의미를 지우거나 비워내는 방식으로 작용한다. 반복되는 단어들은 은유의 유사성보다는 환유의 인접성을 강하게 띤다. 이때 나란히 놓인 두

2 같은 책, p. 578.

단어가 현시하는 것은 현실과 이상의 간극, 또는 가상과 본질의 어긋남이다.

시인의 사유는 그 간극을 넘어 부단히 '-다움'에 이르고자 한다. "밤이 밤다워야 아침이 온다" "꽃의 꽃다움이 있을지도 모른다"라는 문장에서 '밤의 밤다움' '아침의 아침다움' '꽃의 꽃다움'은 어떤 의미일까. "밖으로 떠돌던 것들 제자리를 찾는다"(「아침」)고 할 때 '제자리'란 어느 곳일까. '-다움'이라는 말은 그 존재의 본성에 충실하다는 뜻을 지녔다. 그런데 대상의 '-다움'을 구체화하고 근거지으려고 하는 순간 우리는 혼란과 애매성에 당면하게 된다. 들뢰즈의 말처럼 "근거짓는다는 것은 더 이상 재현을 창시하고 가능하게 만든다는 것을 의미하는 것이 아니라 오히려 재현을 무한하게 만든다는 것을 의미"[3]하기 때문이다. 들뢰즈는 근거의 본질적인 애매성에 대해 "근거는 자신이 근거짓는 재현에 의해 유인되는 반면, 또 이와 동시에 어떤 저편에 의해 갈망의 상태에 빠진다"[4]고 설명한다. 이 원환적 순환 속에서 재현은 자신을 증명해주는 것을 다시 증명해야만 한다.

이문재의 시가 재귀에 재귀를 반복하는 까닭은 그의 사유가 이러한 원환적 순환 속에 놓여 있기 때문이다. 그의 시는 '-다움'의 본성이 무엇인지 말해주지 않으며, 이

3 같은 책, pp. 586~87.

4 같은 책, p. 582.

는 독자가 규정하기도 어렵다. 다만, '-다움'을 동반한 수많은 재귀적 문장은 우리 시대가 '-다움'을 잃어버렸으며 시인 역시 자신 안에서 진정한 '나'를 만날 수 없는 처지를 환기한다. "밤이 부족하다/우리에게는"(「밤이 부족하다」)을 비롯해 '부족하다' '많지 않다' '안 보이다' '오지 않는다' '사라지다' '버리다' '죽다' '없다' '갇히다' '잘라내다' 등 이 시집에 넘쳐나는 결핍과 상실의 동사들을 보라. 이 동사들은 '필요하다'의 다른 표현들이다. 우리가 살아오면서 잃어버린 것이 무엇인지 스스로 성찰하고 되찾자고 시인은 부정어법을 통해 권유하는 것이다. 그 첫 풍경을 「소년」에서 만날 수 있다.

소년이 소년을 벗어놓은 곳에서 길은 시작되고

신도시
아파트 주차장 한구석
자전거 한 대 누워 있다
먼지를 뒤집어쓰고 있다
누가 소년을 놓고 갔나 보다
체인이 녹슬었다
왼쪽 페달이 없다
소년이 소년을 벗었나 보다

자전거가 버려진 이곳에서
어떤 길이 시작되었으리라
먼 곳이 시작되었으리라

—「소년」 전문

이 시의 화자는 신도시 아파트 주차장 한구석에 버려진 자전거를 보며 "누가 소년을 놓고 갔나 보다"라고 말한다. 자전거가 먼지를 뒤집어쓴 채 누워 있는 모습은 소년이 더 이상 자전거를 찾지 않을 만큼 성장했음을 의미한다. 화자는 그것을 "소년이 소년을 벗었"다고 표현한다. 그런데 마지막 두 행을 보면, "소년이 소년을 벗"은 그곳에서 "어떤 길이 시작되었으리라" "먼 곳이 시작되었으리라"라는 진술이 이어진다. 여기서 '먼 곳'이란 단순히 공간적, 시간적 거리감을 나타내는 말이 아니다. 시집의 첫 시 「눈동자」에 나오는 표현을 빌리자면 '먼 곳'은 '다른 눈동자'를 갖게 되는 존재론적 변환의 장소다. 그곳이 얼마나 '먼 곳'인지보다는 얼마나 '다른 곳'인지가 중요하다.

이어지는 시 「새봄」에서 '먼 곳'과 짝을 이루는 단어는 '앞'이다. "무서워요/앞에 아무것도 안 보여요"라며 두려워하는 새순을 향해 뿌리는 "하늘이 너를 보고 있는 거야/지금 네가 맨 앞인 거야"라고 말해준다. 이렇게 '먼 곳'은 '하늘'과, '이곳'은 '맨 앞'과 각각 짝을 이룬다. '하늘'은 시집 전반에 걸쳐 자주 호명되는데, 이 시에서 '하늘'은 새순이 자라오르는 향일성의 원천이자 시간적 순환이 이루어지는 우주적 공간이다.

"마음이/마음 둘 곳 없어 할 때"(「김포」) 바라보게 되는 곳 또한 하늘과 땅이다. 공항에 가서 "있는 힘 다해 하늘로 솟구치거나/있는 힘 다 내려놓으며 땅에 내리는" 비행기를 바라보면 "제멋대로 나가버리거나 찾아오던//그 마음들 하나하나가/새 이름을 얻곤 했다"고 「김포」의 화자는 전한다. 1부 후반부 시들인 「실족사」 「엄마 전화기」 「직사광선」 「12시 방향」 「남고비사막」 「대초원」 등에서 '하늘'은 대체로 대자연이나 삶 저편의 세계를 상징한다. '먼 곳'과 '하늘'은 때로 죽음 너머의 초월적 세계나 신의 존재를 가리키기도 한다. 산 자와 죽은 자는 지상에 남겨진 물질적 매개를 통해 마음의 대화를 나눈다.

그해 겨울
아버지 돌아가셨을 때

어린 막내가 한 일은
생쌀 한 공기하고

아버지 신던 기차표 털신 한 켤레
대문 밖에 내다 놓는 것이었다

그리고 우두커니 서서
11시 방향 하늘을 올려다보는 것이었다

—「실족사」 전문

죽은 엄마 전화기를 어찌하지 못하는 것은
살아 있는 나 때문임이 분명하다 며칠 전에도
너무 힘들어 엄마한테 문자를 보냈다
나도 거기로 가고 싶은데 엄마 나 가도 되나
[……]
엄마 전화기를 버리지 못하고 겨우 견뎌왔는데
이제는 안 되겠다 이렇게 한 살 더 먹기 전에
죽은 엄마 두번째 생일이 오기 전에
전화기를 엄마한테 돌려줘야겠다
매번 다짐하곤 하는데 다짐하긴 하는데

—「엄마 전화기」 부분

위 두 편의 시에는 돌아가신 아버지와 어머니를 그리워하는 자식의 애틋한 감정이 깃들어 있다. 「실족사」에서 '어린 막내'는 실족사한 아버지를 위해 생쌀과 아버지가 신던 털신을 대문 밖에 내다 놓는다. 그러고는 "우두커니 서서/11시 방향 하늘을 올려다"본다. 「엄마 전화기」에는 세상을 떠난 지 1년이 넘은 엄마의 전화기를 계속 충전하며 들여다보는 화자가 등장한다. "나도 거기로 가고 싶은데 엄마 나 가도 되나" 문자를 보내기도 한다. 죽은 자들의 세계인 '거기'로 가고 싶지만, '이곳'에서 살아야 하기에 이제 그만 "전화기를 엄마한테 돌려줘야겠다"라고 '나'는 다짐한다. 그러나 화자의 복잡한 심사는 계속된다. '그래서'의 잦은 반복이나 '이제는'과 '이렇게', '다짐하곤 하는데'와 '다짐하긴 하는데'의 변주에서 그 뒤척임을 읽을 수 있다. 「소년」의 '먼 곳'과 마찬가지로 「실족사」의 '하늘', 「엄마 전화기」의 '거기'는 모두 "소년이 소년을 벗어놓은 곳"과 다름없다. 바로 여기서 '어떤 길'이 시작된다. '나'는 '나'를 벗어놓고 어딘가로 가려 한다.

'바깥'으로 나가 타자와 손잡기

시인은 일찍이 '먼 곳'을 '바깥' 또는 '밖'으로 부르기도 했다. 그는 다섯번째 시집 『지금 여기가 맨 앞』(문학동네, 2014)에서 '바깥'은 "내 안에도 많지만/바깥에도 많다" "먼 곳에 내가 더 많다" "아직도/내가 낯설어하는 내가 더 있다"(「밖에 더 많다」)라고 썼다. 여섯번째 시집 『혼자의 넓이』(창비, 2021)에서는 "혼자는 자기 영토를 벗어나기도 한다/혼자가 혼자를 잃어버린 가설무대 같은 밤이 지나면/우리 혼자는 밖으로 나가 어둠의 가장자리에서/제 그림자를 찾아오는 키 큰 나무를 바라보곤 한다"(「혼자의 넓이」)라고 썼다. 여기서 '바깥'과 '밖'은 '나'를 벗어나 '다른 나'를 만나고 되찾는 장소다.

시인이 혼용하는 '바깥'과 '밖'을 굳이 구별해보자면, '밖'은 '안'과 상대되는 말로 이동의 방향성을 지시하는 한편 '바깥'은 좀더 추상적이고 철학적인 뉘앙스를 거느리고 있는 듯하다. 이문재의 시에서 '바깥'은 외부의 물리적 공간보다는 시적 주체가 자아를 넘어 부단히 닿으려는 지평을 가리킨다. '바깥'으로 나간다는 것은 단순한 외출이나 도피가 아닌, 새로운 생성의 가능성에 몸을 맡기는 행위다. 고립되고 닫힌 주체인 '나'는 몸 바깥으로 나가 "다른 나"뿐 아니라 "다른 몸 다른 생명"의 손을 잡는다.

> 우리의 신성한 자유는
> 내가 먼저 몸 바깥으로 나가는 일
>
> 우리의 고결한 임무는
> 먼저 나가서 다른 몸 다른 생명
> 모든 존재와 상황과 활동과 함께하는 일
>
> —「안단테, 안단테」 부분

"안단테, 안단테"라는 제목이 말해주듯 이 시는 모든 게 빠르게 돌아가는 세상을 향해 말과 생각과 행동을 "느리게 느리게 더 느리게/천천히 천천히 조금 더 천천히"

하라고 주문한다. 포르투갈의 교통 카드 이름인 '안단테'에서 시작한 이야기는 우리가 느린 속도로 마음을 열어 타자를 만날 때 생겨나고 합쳐지는 리듬을 음악적 생성 과정으로 펼쳐 보여준다.

"피부 안에 갇혀 있던 마음들이/피부 밖으로 걸어 나와 손을 내"밀 때, 나아가 "보이는 것들은 물론/보이지 않는 것들과도 손을 부여잡"을 때 리듬은 생겨난다. 이어서 "리듬이 리듬을 낳고/리듬이 멜로디를 불러"오고, "멜로디가 리듬을 데리고 번져나간다/하모니가 다른 하모니들을 끌어안는다". 이 안단테의 리듬과 멜로디와 하모니가 "나를 바꾸는 오래된 기도"이자 "우리를 거듭나게 하는 오래된 하모니"라고 시인은 힘주어 말한다. 그런 점에서 "우리는 모두 작곡가로 태어"났다고. 잃어버린 자유와 놓아버린 임무를 되찾는 일은 바로 "몸 바깥으로 나가는 일"에서 시작된다고.

바깥으로
바깥으로만 나돌았구나
한 생애가 하루라면
오전은 물론 오후 늦게까지도
바깥으로만 나돌았구나
여태까지 그렇게 알고 있었는데
그림자가 동쪽으로

길어지는 걸 물끄러미 바라보다가
문득 내 마음이 내 몸 밖으로
나가본 적이 있었는지
내 생각이 피부 밖으로 나가
다른 몸 안으로 들어가본 적이
과연 몇 번이나 있었는지 캐묻는다
일찍이 누군가 말했다
미성숙한 자아는 피부 안에 갇혀 있다고
밤이 그림자를 끌어안는 시간
몸 바깥 여기저기 불이 들어오는 시간
내 몸 안에 있을 스위치를 찾는다
몸 바깥으로 나가기 전에
먼저 내 안에 있을 전등부터 켜야겠다

—「피부 바깥으로」 전문

자매편으로 보이는 「피부 바깥으로」와 「피부 밖으로」는 '바깥'을 '피부'의 신체성과 관련짓는다는 점에서 흥미롭다. 위 시의 도입부에서 화자는 "바깥으로/바깥으로만 나돌았구나" 탄식한다. 그러던 중 "그림자가 동쪽으로/길어지는 걸 물끄러미 바라보다가/문득 내 마음이 내 몸 밖으로/나가본 적이 있었는지" 반문한다. 그제야 화자는 자신이 바깥이라고 인식한 것이 실은 바깥이 아니었고 내내 자기 몸에 갇혀 있었음을 깨닫는다. 피부야말로 자신을 가두는 감옥이었음을 받아들이며 "미성숙한 자아는 피부 안에 갇혀 있다"는 말을 떠올리기도 한다. 「피부 밖으로」의 화자는 먼저 "내가 나를 피부 안에 가두는 감옥"에서 나가야 한다고 말한다. "내가 나의 밖으로 나가야/당신을 만날 수 있"고, "당신도 바깥으로 나와야/누군가 손을 잡을 수 있"다. 이러한 관계장 속에서 비로소 '나'와 '당신'의 변화와 생성이 가능해진다. 다만, 그전에 준비가 필요하다. "몸 바깥으로 나가기 전에/먼저 내 안에 있을 전등부터 켜야" 한다.

그런데 오늘날 우리의 자아는 어떤 모습인가. 유대교 신학자 아브라함 요수아 헤셸은 현대인이 겪고 있는 자아 및 자기표현의 위기를 이렇게 표현했다. "오늘날처럼 자기표현의 욕구가 강조되는 때는 없었다. 그러나 오늘날처럼 자기표현을 이루어내기 어려운 때도 없었다. 오늘날에는 우리 자신을 상투적인 표현, 인습, 유행과 표준에 맞추도록 엄청난 압력을 받고 있기 때문이다. 그래서 자기는 침묵하며 언어는 죽었으며 기도는 잊혀진 언어가 되었다."[5] 이 말처럼 자기표현의 욕망이 넘쳐나는 현대에 역설적으로 우리는 자신이 누구인지 알 수 없고 제대로 표현할 수 없게 되었다. 다양하고 새로운 것처럼 보이지만 실은 획일화되고 낯익은 것을 반복하고 있을 뿐이다. 자신

5 아브라함 요수아 헤셸, 『하느님을 찾는 사람』, 김준우 옮김, 한국기독교연구소, 2013, p. 9.

을 과시하는 온갖 현란한 표현 속에서 인간다운 목소리를 발견하기는 더 어려워졌다.

하느님께서 손이 모자라
엄마를 만들었다는 이야기가 있다
곳곳에서 하느님을 대신하라고

하느님을 흉내 낸 독재자는
엄마 대신 거울을 나눠 줬다고 한다
자기 얼굴을 보며 스스로 검열하라고

수많은 엄마와 도처의 거울이
여전히 분주한 가운데

인류의 황제 디지털이
스마트한 기기를 몸에 부착시켰다
영혼은 외주화하고 눈으로만 살라고

그리하여
살기 위해 벌지 않고
벌기 위해 살게 되었다
너나없이 죽기 살기로 벌게 되었다

지상에 하느님이 너무 많아
우리는 하늘이 어디에 있는지 모른다
천지간에 땅이 어디 있는지

우리가 왜 이런 괴물이 되었는지
모르게 되었다는 사실조차
모르게 되었다

—「지상의 하느님」 전문

신의 부재보다 "지상에 하느님이 너무 많아/우리는 하늘이 어디에 있는지 모른다"는 게 더 문제라고 시인은 진단한다. 기도의 마음을 되찾기 전에 '하느님'을 대리하고 있는 지상의 신들을 먼저 돌아보라는 것이다. 1연과 2연에는 '하느님'의 대리자로 '엄마'와 '독재자'가 등장한다. 종교적 사랑에 가까운 강력한 모성도, 자기 검열을 강제하는 독재자의 규율 권력도 보호와 통치라는 이름으로 우리를 길들인다. 4연에서는 디지털 문명과 스마트 기기들에 의해 포스트휴먼이 되어가는 현대인의 모습을 제시한다. 시인의 말대로 시각 중심의 현대문명은 인간의 다른 감각을 퇴화시키고 영혼을 외주화하기에 이르렀다. 그로 인해 인간은 기계와 자본의 노예로 살아가게 되었고, 삶의 가치나 목표를 잃어버린 채 "살기 위해 벌지 않고/벌기 위해 살게" 된 것이다. 그런데 더 심각한 문제는 "우리가 왜 이런 괴물이 되었는지/모르게 되었다는 사실조차/모르게 되었다"는 것이다. 이러한 괴물의 상태에서 벗어나기 위한 '열림과 경청'의 방법으로 시인은 기도의 형식을 제안한다.

'하늘'의 말과 '기도'의 형식

이문재 시인은 『당신의 그림자 안에서 빛나게 하소서』라는 기도 시집을 펴낼 만큼 '기도'라는 형식에 천착해왔다. 이 책에는 국내외 시인들의 시는 물론이고 시애틀 인디언 추장, 미국 소방관, 키에르케고르, 타고르, 틱낫한, 헨리 나우웬, 전태일 열사 등이 남긴 글들도 담겨 있다. 넓은 의미에서 이러한 시와 산문도 일종의 기도라는 것이다. 시인은 "기도와 시는 혈연"[6]이라며 좋은 시와 기도의 공통분모를 다음과 같이 설명한다.

> 좋은 시와 기도의 공통분모는 무엇인가. '타인의 마음을 자신의 것으로 받아들여라'라는 황금률이 기도와 시를 혈연이게 하는 핵심이라고 나는 생각한다. 모든 종교가 타인의 처지를 헤아리는 마음가짐을 가져야 한

6 이문재 엮음, 「시집을 엮으며」, 『당신의 그림자 안에서 빛나게 하소서』, 달, 2024, p. 159.

> 다고 권고한다. 불교는 중생의 고통을 자신의 고통으로 삼는 자비심을 가지라 말하고, 유교는 내가 하기 싫어하는 것을 남에게 강요하지 말라고 하며, 기독교는 내가 대접받고 싶은 만큼 타인을 대접하라 이른다.[7]

그가 말하는 기도란 특정 종교의 행위나 의식에 국한되지 않는다. 흔히 기도는 입을 벌려 자신이 원하는 바를 구하는 행위로 여겨지지만, 진정한 기도는 신이나 타인을 향해 귀를 기울이고 그 현존을 받아들이는 존재론적 수행이다. '하늘'의 말에 귀를 기울이는 것은 '타인'의 마음을 받아들이는 것과 다르지 않다. 그렇기에 기도는 말의 과잉이 아니라 말을 비우는 침묵에 더 가깝다. 「오래된 기도」에 나열된 것처럼 "가만히 눈을 감기만 해도 기도하는 것이다.//왼손으로 오른손을 감싸기만 해도/맞잡은 두 손을 가슴 앞에 모으기만 해도/말없이 누군가의 이름을 불러주기만 해도/노을이 질 때 걸음을 멈추기만 해도/꽃 진 자리에서 지난 봄날을 떠올리기만 해도/기도하는 것이다".[8]

이번 시집에는 「지상의 하느님」 「하늘나라」 「죄와 벌」 「하늘이 내게 물었다」 「천상의 메아리」 「천지간 천지인」 「하늘이 들어오신다」 「아침의 기도」 「새벽 기도」 「당신의

7 같은 책, pp. 160~61.

8 이문재, 「오래된 기도」, 『지금 여기가 맨 앞』, 문학동네, 2014.

그림자 안에서」「하늘 끝까지」「피안 감각」「여행자의 기도」「하늘」「화살기도」 등 기도와 관련된 제목의 시들이 많다. 시인은 종교적 행위로서만이 아니라 자신과 세상을 변화시킬 마음의 동력을 기도에서 찾고 있는 것으로 보인다. 그에게 '기도'의 회복은 '사회적 영성'이나 '생태적 감수성'의 회복을 의미하기도 한다.

숨을 들이마실 때마다
하늘이 들어오신다는 사실
아득히 먼 처음부터
아득히 먼 맨 나중까지 매번

[……]

목숨 있는 모든 것은 물론이고
목숨 없는 것들도 모두 다
하늘과 이어져 있다는
그래서 모든 것이 서로 이어져 있다는

자명한 사실
이 오래된 진리를
하루 한 번만이라도 되새기게 하소서
그리고 이 뒤늦은 각오가

잊히지 않도록 빼앗기지 않도록 해주소서

—「하늘이 들어오신다」 부분

종결어미 '-소서'가 반복되는 이 시는 기도의 형식을 취하고 있다. 자신이 천지의 일부이며 모든 것이 연결되어 있음을 자각하자는 간절한 독백이자 청유로도 볼 수 있다. "숨을 들이마실 때마다/하늘이 들어오신다는 사실" "모든 것이 서로 이어져 있다는//자명한 사실/이 오래된 진리"를 우리는 잘 알면서도 망각하고 살아간다. 기도는 바로 그 사실을 알아차리고 되새기는 행위다. 이 시의 화자는 바로 그 기도를 "잊히지 않도록 빼앗기지 않도록 해주소서"라고 기도한다. 기도를 기도하는 것이다.

「하늘이 내게 물었다」에서는 숨이 곧 하늘임을, "하늘과 땅이 하루에도 수천 번씩/네 몸속을 드나든다는 사실을 명심하"라고 '하늘'의 입을 빌려 말하기도 한다. 이 시에서 '하늘'은 현대문명에 의해 유린되고 파괴된 지구의 목소리를 떠올리게 한다. 기후 위기를 비롯해 생태적 질서가 총체적으로 무너진 인류세의 현실 앞에서 "나는 다시/정면을 향해 두 손 가지런히"(「새벽 기도」) 모은다. "작아지고 커지고 커지고 작아지는/내가 아니고 우주가 함께 하는 기도"(「화살기도」)를 올린다.

기도는 또한 죽은 자에 대한 애도의 행위이기도 하다. 「이제야 꽃을 든다」는 이태원 참사 희생자들을 기억하며 꽃을 놓거나 향을 피우거나 이름을 부르는 행위를 통해 '애도'의 의미를 새롭게 되새기는 시다. 시인이 말하는 진정한 애도는 희생자들의 죽음을 슬퍼하는 데 그치지 않고 "지금 여기와 다른 우리로/거듭나는 것"이다. "애도를 기도로, 분노를 창조적 실천으로/들어 올리는 것"이다. 삶이 달라지지 않고서는 죽음도 달라지지 않는다는 것이다. 「죽은 자의 날」에서는 매년 11월 죽은 자의 넋을 기리는 페루의 풍습을 이야기하며 "먼저 떠난 자와 나중에 따라갈 자가/같은 날 흥겨운 잔치를 벌이는 나라"라고 말한다. 이러한 기억과 애도의 방식은 죽은 자들뿐 아니라 산 자들을 자유롭게 한다.

아포리즘은 어떻게 진화하는가

1부와 4부에서는 자전적 내용이나 개인적 일상을 주로 다뤘다면, 2부와 3부에서는 대사회적 메시지들이 좀더 적극적으로 개진되고 있다. 일반적으로 시는 비유와 상징과 이미지의 장르라고들 하지만, 이문재의 시에는 비유나 상징이 많지 않고 묘사나 이미지보다는 진술과 이야기가 두드러진다. 게다가 시적 함축성을 축소하고 계몽적이거나 대중적인 인상을 줄 수 있다는 점에서 시인들이 경계하는 아포리즘이 그의 시에는 자주 등장한다.

신형철은 『지금 여기가 맨 앞』의 해설에서 이문재의 시에 자주 나타나는 아포리즘을 옹호하면서 잠언 지향성은 시의 본래적 기질 중 하나라고까지 말했다. 이문재의 의식적인 아포리즘 사용은 오늘날 한국 시가 보여주는 "시의 '인식적 가치'에 대한 전반적인 불신과 무기력에 항의하고 있는 것"[9]이라는 그의 의견에 나 역시 동의한다. 서정성이 강한 한국 시의 지형도 속에서 산문적 진술과 아포리즘을 주로 구사하는 이문재식 어법은 매우 이채롭고 독보적이다. 그럼에도 후반부의 몇몇 시는 아포리즘이 항상 긍정적으로 작용하는 것은 아니라는 생각을 갖게 한다. 신형철은 아포리즘적인 시와 아포리즘을 넘어선 시를 구별해 다음과 같이 설명하고, 아포리즘을 넘어선 두 편의 시, 「물의 결가부좌」와 「땅끝이 땅의 시작이다」를 해당 시집에서 가장 뛰어난 시로 꼽았다.

> 이문재의 아포리즘적인 시가 경험적 진실의 세계에 충실하다면, 위의 시에 나오는 '연못'과 '땅끝'은 인간적인 시공간의 범주를 이미 넘어서 있는 세계처럼 보인다. 아포리즘적인 시가 자기가 누구인지를 스스로 정리하면서 앞으로 나아간다면, 이런 시들은 그가 누구인지 우리가 알아챌 것 같은 그 순간에 제 자신을 지우면서

9 신형철 해설, 「지금 여기가 맨 앞인 이유」, 『지금 여기가 맨 앞』, p. 189.

> 나아간다. 아포리즘적인 시가 발견하여 한 번에 하나씩 제공하는 시적 진실들은 번안과 요약이 얼추 가능하다면, 이런 시는 진실에 진실을 더하고 또다른 진실을 계속 더해나가서 결국엔 제로가 되도록 만들어버리기 때문에 우리는 무언가 굉장한 것을 읽었다는 느낌을 받기는 하지만 아무것도 번안하고 요약할 수가 없다. 아포리즘적인 시는 받아 적게 하는 말이고, 이런 시는 그 자체로 받아 적은 말이다.[10]

『지금 여기가 맨 앞』이 출간된 지 십여 년이 지난 지금까지도 아포리즘적 문장과 재귀적 어법은 시인 이문재의 트레이드마크처럼 보인다. 『혼자의 넓이』를 거쳐 이번 시집 『꿈을 꾸게 하는 꿈이 있다』에서 아포리즘에 실린 자기 인식이나 세계에 대한 통찰은 더 깊어지고 넓어졌다. 다만, 현대문명과 자본주의에 대한 비판적 메시지나 대안의 제시가 다소 직설적으로 느껴지는 까닭은 현실에 대한 위기의식이 그만큼 절박해졌기 때문일 것이다.

이번 시집에서 주목하고 싶은 점은 이문재 시의 구문적 아포리즘이 구조적 아포리즘으로 진화하고 있다는 사실이다. 이번 시집에도 아포리즘적 문장이 여전히 많지만, 특정 메시지를 집약한 잠언적 문장을 꼽기는 쉽지 않

10 같은 글, pp. 223~24.

다. 시인은 말하고자 하는 바를 한두 문장으로 수렴하기보다는 문장과 문장, 연과 연 사이 사유의 운동을 더 활성화한다. 간결하고 리드미컬한 반복과 변주는 문장들 사이에 미세한 차이를 만들어내면서 시가 시작된 시점과는 아주 다른 지점으로 독자를 데려간다. 1부의 첫번째 시 「눈동자」로 돌아가보자.

눈동자에게
필요한 것은 눈동자다

눈동자는
다른 눈동자가 필요하다

지금 가장 필요한 눈동자는
내 눈앞에 있는 다른 눈동자다

—「눈동자」 전문

전체 3연으로 이루어진 이 간명한 시는 외형적으로 삼단논법의 모양새를 지니고 있다. 그러나 A 명제와 B 명제의 공통분모를 통해 C 명제의 종합에 이르는 일반적인 삼단논법과는 달리 이 시에서는 세 문장의 연쇄가 반복과 점층으로 이루어진다. 1연 "눈동자에게/필요한 것은 눈동자다"를 2연에서 약간 변형·반복하되 "다른 눈동자"에 방점을 찍는다. 3연에서는 1연과 2연의 구문을 변형·반복하되 "지금 가장"과 "내 눈앞에 있는"을 덧붙인다. 이렇듯 연이 달라질 때마다 "눈동자에게 필요한 것은 눈동자다"라는 재귀적 문장의 확장과 구체화가 이루어진다. 따라서 1~3연 중 어느 한 문장만으로는 아포리즘의 의미를 제대로 전달하지 못한다. 1연에서 2연으로, 2연에서 3연으로 넘어가면서 반복과 차이가 만들어내는 사유의 운동성에 힘입어 이 시는 구문적 아포리즘이 아니라 구조적 아포리즘으로 거듭난다.

바람이 없어도
돌아가는 바람개비가 있다

바람이 없으면
달려 나가는 바람개비

바람이 없어서
앞으로 달려 나가는 바람개비

오직 자기 힘으로
없는 바람을 만들어내는
없는 바람에게 바람을 보여주는

천지간 바람이 없어서

바람을 일으키는 바람개비가 있다

—「바람개비」 전문

3부의 첫 시 「바람개비」도 구조적 아포리즘을 잘 보여주는 작품이다. 바람이 불어야 돌아가는 것이 바람개비의 수동적 속성이지만, 이 시에 나타난 바람개비는 "바람이 없어도/돌아가는 바람개비"다. 1연의 "바람이 없어도"라는 전제가 2연의 "바람이 없으면", 3연의 "바람이 없어서"로 변주되는 동안 바람개비의 능동성은 점차 강화된다. 그리하여 "오직 자기 힘으로/없는 바람을 만들어내는/없는 바람에게 바람을 보여주는" 바람개비로 확장된다. 이 모순과 역설을 쌓아나가는 방식이 바로 구조적 아포리즘인 것이다.

3부의 「바람개비」와 2부의 「바람개비 2」는 유사한 사유의 구조를 띤다. 「바람개비 2」의 부제 "동시로 쓰고 나서 풀어 쓰다"를 미루어 보아 「바람개비 2」를 「바람개비」에 대한 좀더 자세한 주석으로 읽을 수도 있다. 「바람개비 2」에는 "바람이 불어야 돌아가는 바람개비"와 "바람이 불어도 돌아가지 않는 바람개비" 그리고 "바람이 불지 않아도 돌아가는 바람개비"가 나온다. 이 세 가지 중에서 화자가 주목하는 것은 마지막 바람개비다. 시의 후반부로 가면서 "바람이 불지 않아도 돌아가는 바람개비"는 "바람이 없어서 제힘으로 바람을 일으키는 아이”와 “바람이 없어 마파람의 맨 앞이 되는 사람”으로 환유된다. 이 바람개비와 아이와 깃발을 든 사람처럼, 이문재의 시는 없는 바람에게 바람을 보여주고 싶어 한다. 꿈을 잃어버린 이들로 하여금 꿈을 꾸게 하는 꿈을 꾼다.

시인과 시민 사이에서

마지막으로 이문재 시인과의 사적인 인연을 덧붙이자면, 그와 나는 오랜 세월 『녹색평론』 편집자문회의에서 만났다. 그래서 사적인 대화보다는 잡지의 기획 주제나 필자에 관한 생각을 나눌 때가 많았다. 2024년부터는 ‘오대산지구시민작가포럼’을 꾸리고 잡지 『오대산』을 함께 만들고 있다. 『녹색평론』과 『오대산』, 두 매체 모두 문예지가 아니라 대안적 생태 담론을 생산하는 잡지다. 우리의 정신적 공통분모가 있다면 대부분 여기서 만들어졌을 것이다.

시인보다 환경 운동가나 시민 활동가에 가까워져가는 행보도 비슷하다. 그는 최근 ‘60+기후행동’의 공동대표를 맡았고, 나는 ‘여성환경연대’의 공동대표를 맡고 있다. 시 쓰기에 집중할 시간과 에너지가 분산되는 게 사실이지만, 나는 이 활동들이 시의 마음에서 비롯되었고 미래의 시를 향해 있다고 생각한다. '시인'과 '지구시민'은 별개의 존재가 아니다. 다음은 이문재 시인이 대표로 집필한 「오대산지구시민작가포럼 창립취지문」의 한 대목이다.

> 우리는 모두 시인으로 태어납니다. 하지만 사회화·문명화 과정을 거치면서 시적 감성을 억압하거나 무시하게 됩니다. 우리는 글쓰기와 그림 그리기를 비롯한 다양한 예술 활동을 통해 잠자고 있는 '시의 마음'을 일깨울 것입니다. 시의 마음은 내면의 목소리를 듣는 데서 회복되고, 타인과 사물을 포함한 타자와 공감하면서 성장하고, 지구를 포함한 우주와 교감하면서 성숙을 거듭합니다. 저마다 다른 방식으로 시의 마음을 되찾고 그것을 표현함으로써 우리는 지구시민으로 재탄생할 것입니다. 지구시민은 화이부동(和而不同)하고 존이구동(尊異求同)하는 존재입니다. 서로 어우러지되 똑같아지지는 않는, 서로 다른 것을 존중하면서도 하나를 추구하는 새로운 인간형입니다.[11]

화이부동(和而不同)하고 존이구동(尊異求同)하는 존재. 우리는 이러한 '지구시민'을 꿈꾸지만, 실은 '시인'과 '시민' 사이에서 늘 염려하고 서성거린다. 토마스 만은 자전 소

11 이문재 대표 집필, 「오대산지구시민작가포럼 창립취지문」, 『오대산』 창간호, 2025.

설 「토니오 크뢰거」에서 시인을 '길 잃은 시민'이라고 표현했다. "당신들 예술가들은 나를 시민이라 부르고, 또 시민들은 나를 체포하고 싶은 충동을 느끼"[12]는 존재. 두 세계 사이에서 어디에도 안주할 수 없는 존재. 그러나 소설의 마지막 부분에서 주인공 토니오는 연인 리자베타에게 보내는 편지에 이렇게 쓴다.

> 나는 위대하고도 마성적인 미의 오솔길 위에서 모험을 일삼으면서 '인간'을 경멸하는 오만하고 냉철한 자들에 경탄합니다. 그러나 난 그들을 부러워하지는 않습니다. 왜냐하면, 만약 한 문사(文士)를 진정한 시인으로 만들 수 있는 그 무엇이 존재한다면, 그것은 인간적인 것, 생동하는 것, 일상적인 것에 대한 나의 이러한 시민적 사랑일 것이기 때문입니다. 모든 온정, 모든 선의, 그리고 모든 유머는 이 사랑으로부터 유래합니다.[13]

"한 문사(文士)를 진정한 시인으로 만들 수 있는" 이 '시민적 사랑'을 나는 이문재 시인에게서 자주 발견하곤 한다. 그의 온정과 선의와 유머가 이 '시민적 사랑'에서 유래한다는 것도 알고 있다. 세상은 빠른 속도로 나빠지고 파

12 토마스 만, 『토니오 크뢰거·트리스탄·베네치아에서의 죽음』, 안삼환 외 옮김, 민음사, 1998, p. 116.
13 같은 책, 같은 쪽.

국을 향해 치닫고 있지만, 두 손 모아 기도한다. 부디 그가 꿈을 꾸게 하는 꿈을 계속 꾸기를. 그의 시와 기도가 느슨해지지 않기를. 마트료시카 인형처럼 계속 자신을 열고 들어가 새로운 자신을 발명해내기를.